研究主任のマインドセット

古舘良純 著

明治図書

まえがき

校内研究会（校内研）には未来がある。希望もある。負担ではなくむしろ、働き方改革の中核を担う。そう感じています。初めて研究主任を任せていただいてから「たった4年」ですが、そう思えます。

できるなら、もう少し研究主任を続けてみたい。そう思うほどです。しかし、これまで経験してきた校内研は私にとってあまり楽しくなく、非常に苦しいものでした。

今考えると有り得ないのですが、初任校では船を漕ぎながら校内研に参加していました。指導案はネットから拾い、コピペで済ませていました。それでも、当日の授業で大きく踏み外すことはありませんでしたが。

アラサー時代は、ちょっとうまく授業ができるという理由で天狗になっていましたし、指導の先生に食ってかかるような態度があったかもしれません。

校内研の時間がわくわくするものではなかったのです。もちろん、私自身の「学びをキャッチする力」が足りなかったことは大前提と言えるでしょう。

しかし、アラフォーになるといろいろ考えるようになりました。アラサー時代に痛い目もたくさん見てきたからです。

学級がうまくいかない。授業が不発に終わる。同僚とギクシャクする。不満ばかりが募るなど、どこか空回りしている自分に出会ったのです。

そんな状況を打開するきっかけになったのが、あれほど苦しかった校内研でした。

私が初めて研究主任となったのは令和2年度です。今年で4年目になります。前任者が退職し、私が研究を引き継いだ形になりました。私は「学級経営」の方向に研究の舵を切ろうと管理職や前任者に打診し、踏み切ることに成功しました。それまでは「国語科」「算数科」のような教科に特化した研究を進めていた学校でした。

アラサーの私が「うまくいかなかった」背景に、学級経営の土台が共通理解できてない、授業観がずれている、研究活動が日常に溶け込んでいないなどの鬱憤があったと思います。職員同士でそうした感覚を噛み合わせていないために、職員室で悪口大会が開かれたり、授業が知識を詰め込むばかりのものになっていったりしました。「学級が落ち着かないための授業研当日キャンセル」に至った学級も見てきました。

研究のための研究、校内研のための校内研になっている。でも方向転換ができず、放課後の時間をただ消費するような働き方に誰も手を打てない。そんな状況に見えました。

言い方は悪いのですが、もっとコスパ良く明日の授業が変わり、子どもも教師も楽しい校内研はできないものかと考えていました。「やっと終わった……」ではなく、「明日も続けたい！」「もういっちょ！」と意欲が湧くような授業研ができないかと思います。「苦しい指導案」から「授業者の芯をつくる指導案」にならないものかと願います。「座って失礼します」とパワポをたたくような研修ではなく、「アイコンタクトのある」心の通った対話が職員同士でできたら最高じゃないかと夢見ています。

この裏側には、先生方をホストにしたいという研究主任としての願いがあります。

私がこれまで経験してきた学校では、研究主任がホスト、先生方がゲストでした。情報は研究主任がもっていて、先生方が受け取るという構図です。指導案に対して指導を入れるという状況もまた先生方がホストではありません。

研究主任がホストを降りるという感覚をもち、同時に、先生方にゲスト感覚を捨ててもらう営みの先に、校内研の未来や希望を見出しているのです。

実際に研究主任を務める中で、校内研に大きな可能性が秘められていると感じました。研究主任の仕事次第で職員集団の意識改革が可能だと思えたからです。打ち手の数だけで言えば、管理職よりも学校改革のチャンスが多いかもしれません。

本書では、そもそも何のために校内研を進めていくのかという原点に立ち返って考え、「研究活動の心構え」を私なりにまとめてみました。日常的な校内研や定期的な授業研について、実践してきた内容もお伝えします。また、自主研修会の実施や研究通信などの具体例も紹介します。

本書の執筆にあたり、初任校での校内研や、これまで行ってきた自分の授業研を思い返しました。十年以上前の指導案も引っ張り出し、先輩方の指導案から学び直しました。すると、その当時親身になってアドバイスをくれた学年主任や、事細かく指導してくださった研究主任の先生、指導主事の先生の顔が浮かんできました。今更ですが「眠くて仕方がない」とだけ思っていた校内研に、たくさんの学びが詰まっていたことを知りました。

今年度（令和５年度）も校内の先生方に支えられ、学ばせていただいております。そして、管理職の大きなサポートも受け、修正・改善を繰り返しています。本当に恵まれた環境でお仕事をさせていただけていると感じます。感謝しかありません。

本書が、校内研をより充実させたいと願うすべての先生方にとって有意義な一冊になることを願い、まえがきとさせていただきます。

古舘　良純

目次

2章 「授業研究会」のマインドセット

3章 「授業交流会」のマインドセット

4章 「自主研修会」のマインドセット

5章 「研究主題」のマインドセット

1 章

「校内研究会」のマインドセット

Mindset

「研修」の位置付けを考える

私にとって、校内研の一番の敵は、「睡魔」でした。若い頃の私は、眠くて眠くて仕方がありませんでした。それは、退屈であるという側面が強いのですが、そもそも知識量が足りずに話題や流れについていけない状況が生まれていました。

わからない言葉が空中を飛び交っていたり、指導法のアイデアを出し合う「引き出し」の多さでの勝負が行われていたりしましたから、若かった私は「ベテランに任せるのが早い」と判断していたのでしょう。私にできることは、指導案の誤字脱字探しや行のずれなどを見つけることくらいでした。

校内研の多くは授業研のために行われています。何ヶ月も先の指導案を何度も検討します。次は○○先生の指導案、次は○○先生の授業研と年間の校内研がスケジューリングされ、「校内研＝授業研」と言っても過言ではない状況が生まれています。

そんな状況に対し、「授業研究会」ばかりでいいのかと感じています。

というのも、私たちは教育公務員特例法第21条に基づき、その職責を遂行するために、絶えず「研」究と「修」養に努めなければなりません。つまり「研修」しなければならないのです。

しかし、校内研では「授業研究会」の側面が強く押し出され、その割合の多くを占めているような気がしてなりません。もう少し「修養」に時間を割いてもいいのではないかと感じます。

現状の校内研では、方法論や技術、知識を身につける機会はたくさんあります。しかし、先生方の魂を震わせたり、教育観を再構築したりするような、いわゆる感化の機会が少ないのです。修養の側面が足りないと感じています。

そもそも私は、**子どもたちや教室を「研究対象」にしてしまうことに少し抵抗を感じています。**「こうすればこうなるはずだ」のような仮説を立てた検証は、子どもたちに対して大変失礼だと思うからです。「子どもがこうなった」という成果や、「ここに指導の余地がある」という課題が陳腐に聞こえて仕方がありません。

もちろん、心ある研究は存在すると思いますし、すべての校内研を否定するつもりではありません。しかし、職員室で回覧される「公開研究会案内」を見るたびに、毎年毎年成果が出ているはずなのに、なぜ同じような研究を繰り返すのかと思ってしまいます。

もう、公開のための公開、研究のための研究です。

そうなると、自ずと研究の構図が浮かび上がります。ベテランが上で、若手が下。学校の重鎮が強く、着任間もない先生が弱いという構図です。

指導案を熟知している先生が強い。同じ単元の授業を何度も見たことのある先生の意見が強い。指導主事の先生、講師の先生の指導が絶対で、初任者をはじめとする若手はそれを飲み込むしかない。そんなピラミッド型の上意下達が定着してしまいます。

若手がベテランの知識や経験に追いつくことなど到底できません。また、言葉を選ばずにいうと、知識と経験にばかり固執して自分の思い通りにしようとするベテランほど、校内研の輪を乱すきっかけになりかねません。だから、若手を置き去りにする校内研になり、ボトムアップを図るような校内研にならないのです。

そんな現状への手立てとして、校内研の位置付けを「修養」の場にしたいと考えています。先生同士の感化を強く意識した場として企画運営していくべきではないでしょうか。

校内研が「知識や技術の伝達の場」から、「教師と教師が願いや思いを語り合う場」に

なれば、若手もベテランも関係なくなります。ベテランの含蓄のある言葉を聞いたり、若手のストレートな言葉が胸を打ったりすることもあります。

そんな同僚性が育まれる場として校内研をデザインできたら、自ずと知識や技術が継承されるはずです。昔、私が「ベテランから盗め」と言われた学校文化のような空気が生まれる気がしています。

残念ながら、現在の学校現場において、「盗む」ような機会を設けることは困難を極めています。まず自分の学級で精一杯だからです。そして、放課後に先輩の教室で語り合ったり、若手の悩み相談に付き合ったりすることすらできません。それでいて、早く帰ることだけが推奨されています。

だから私は、校内研を研究活動にとどめることなく、研修要素を兼ね備えた、職員の対話を存分に確保できる、職員同士の感化の機会が増える時間にしていきたいのです。

何のために校内研が位置付けられているのか、学校の様々な実態に合わせてもう一度考えてみたいものです。

研究主題を「自分ごと」にしていく

今年度職員室で回覧された各校の「授業公開案内」を見ると、多くの研究主題が、「〜な子どもの育成」「〜する児童の育成」という、「子ども」を掲げた主題でした。

また、副題を見てみると、「〜な授業づくりを通して」のような授業実践に関する内容や、「表現し合う」「伝え合う」「対話活動の工夫」「自他との対話」など、活動ベースの副題が添えられています。

きっと各校の実態に合わせて考えられた主題・副題なのだと思います。きっと、先生方でたくさん議論されたのだと推察します。

しかし、この研究主題を文面のまま受け取ってしまうと、「何をするか」という手法・技法に偏った授業づくりに流れてしまう気がします。

例えば、「表現し合うために、班活動を取り入れよう」とか、「伝え合うためにホワイトボードを使おう」という、手段の目的化が起こりやすくなるのです。そして、班活動がうまく機能すれば「主体性をもって参加する児童が増えた」と成果を書き、発言しない子がいれば、「発言の順番を決めて全員が発表できるような配慮が必要だった」のように課題として挙げられます。

もしこのような研究主題で追求していくのであれば、成果が見られた子と課題のある子にどんな差があるのか、なぜ同じ活動に成果の差が見られるのか、どうすれば全員の学力を保障できたのかを明らかにしていく必要があると考えます。

そうしなければ、「この活動が実態に合わない」「このシステムは使えない」「この実践は私に合わない」などと、活動自体へ無責任な否定が生まれ、まるで授業者自身には何の責任もないような感覚になります。

私たちの仕事は、実践の良し悪しを振り分けることではありません。実践や活動がうまくはまらなかった子を限りなくゼロにしていくのが仕事です。決して成果と課題に分類する作業が仕事ではないのです。私たちは、研究者ではなく実践者です。

そこで、研究主題をより自分ごとにしていくために、教師自身を主語にした副題の設定に着手してみたいと考えています。

令和５年度の本校の研究は「協働的な学びの中で 自分らしさを発揮できる子どもの育成～道徳授業をとおした教師のあり方をみつめて～」という主題・副題を設定しています。その際、先生方に確認したのは最後の言葉でした。「教師のあり方」という言葉がストレートすぎないかということでした。

先生方にヒアリングした際も、「言葉が厳しすぎるのではないか」というご意見をいただきましたし、管理職の先生方との話の中でも少し苦笑いされた言葉でした。「もっともな言葉」ではあるものの、ここまで露骨に出してよいか迷っているようでした。

しかし、主題が先生方の外にある状態では、どんな主題を設定しても先生方の一体感は出ないだろうと考えていました。そして、一体感のなさが緊張感のなさにつながってしまうような気もしていました。

校内研では、次のような旨で主題の説明を行いました（ざっくり要点をまとめます）。

協働的な学びは、先生方の授業づくりにかかっています。一斉指導ばかりを実践していては、協働的な学びに向かうことはありません。先生方がどう子どもたちを関わらせていくかという考え方に基づいて授業がデザインされていくはずです。

また、自分らしさを発揮するということは、子どもたちがもっている考えや意見、キャ

ラクターを活かしながらそれぞれの個性が授業にあふれるということです。画一的な考え、決まりきった答えを探すような、「みんな同じ」「予定調和」の授業にはならないはずです。つまり、子どもたちの良さを引き出す授業は、先生方に支えられています。

こうした授業を展開していく上で、今年度は道徳授業に特化して実践していただきたいと思います。年間35時間、毎週実践です。1週間に1本、確実に取り組んでください。そして、板書を写真に撮り、必ず共有フォルダに残してください。

ただ、私たちがしたいのは、道徳の研究ではありません。1年間、毎週地道に授業に臨む。その週1の授業で子どもたちと共に成長していく。そこに先生方のあり方が見える。子どもも大人も成長する。そんな研究活動がしたいと考えています。

校内研では、板書を持ち寄りながら授業について交流しましょう。語り合って、先生方の経験を確かな学びに変えましょう。そして、日常的に学び合える職員集団になりましょう。

こうして、「教師のあり方」を掲げた研究がスタートしました。週1回の板書を35枚残すことは、もしかしたら1本の研究授業を成立させるより大変なことです。

でも、走りきった先生方の中には必ず大きなものが残ると信じています。

研究活動を「手段」として考える

研究部は、校務分掌の一部に組織されています。つまり、学校運営のために研究部が存在していると考えられます。ですから、学校教育目標達成のために、研究部として何ができるかを考える視点も必要です。研究部のための研究部になってしまうと、目的不在かつ、かなり窮屈な活動が展開されることになるでしょう。

学校教育目標を一丁目一番地とし、子どもたちにとってよい授業、教師のあり方を考える校内研を構想することが、研究主任の仕事とも言えそうです。

そう考えると、「研究部」としての「目的・目標・手段」はありますが、「研究部活動自体」が、学校教育目標に対する「手段」として俯瞰することもできます。

これは研究部活動に限ったことではありません。それぞれの分掌において、「目的・目標・手段」の小さなサイクルを回すことは、学校経営構想や学校教育目標といった大きなサイクルを同時に回すことにつながっていなければなりません。

そこで、徹底的に学校経営構想や学校教育目標の解像度を高め、その上で研究主題を設定することにしました。大小のサイクルを噛み合わせたかったのです。

まず手にしたのは、年度末に行われる学校経営反省です。**全職員が学校に対してどのような課題意識をもっているかを把握するようにしました。各行事のあり方、働き方に対しての願いを理解しようと努めました。**

次に、全学級の学級経営についてアンテナをはり、日常的に観察してみました。学級の落ち着きはどうか。生徒指導上の課題はどうか。特別支援教育的な配慮が必要な側面はないか。そして、先生方の関わりやあり方はどうか。

それらを、日々キャッチすることにより、今学校にとって必要な要素、先生方にとって優先順位の高い情報を整理しようとしました。

すると、日々使っている言葉に敏感になったり、職員室や印刷室での振る舞い（焦ってバタバタしている様子）が見えたりするようになりました。笑顔があるかどうか、電話対応などの様子はどうか、廊下や職員室の歩き方が急いでいないかなど、少しずつ学校や先生方のデータが蓄積されるようになりました。

また、このようにキャッチした情報を、研究通信を通して先生方にフィードバックするようにしてみました。研究通信を書くときは、「今週はあの先生をイメージして」というように、ターゲットを決めて書くようにしてみたのです。研究通信の話は第6章でもう少し詳しく書きたいと思います。

このように、先生方の内なるニーズや必要感のある情報で寄り添うようにしました。もしかしたら、時に耳が痛い内容だったり、関心の外にある情報だったりしたかもしれませんが、先生方に寄り添わずして研究活動も何もないだろうと思っていました。

職員のため、学校のための研究にしていきたかったのです。

すると、少しずつ職員の中に「目指す教職員像」が意識されるようになってきました。目指す教職員像というのは、学校経営計画の中に記載されている内容で、多くの学校で示されているのではないかと思います。

この教職員像は、たいてい「児童に寄り添い〜」「児童を理解しようとする〜」「児童と共に〜」のような文言が含まれているでしょう。いわゆるマインドの部分です。こうした「あり方」に目が向くようになり、子どもたちへの接し方や学級集団の高め方を意識し始めると、次第に指導観が共通理解されるようになり、職員室で話が噛み合うようになっていきます。お互いが磨かれていくのです。

さらに、管理職の先生と話すときも、学校経営構想のための研究として位置付けて話せるので、共通言語で対話することができます。これが、「国語科」「算数科」だとしたら、私の専門性では対等に話すことはできないかもしれません。

研究活動を手段として「目指す児童像」や「目指す教職員像」の具現化をねらい、その結果「学級経営」が安定し、トラブル対応や保護者連絡などの生徒指導が減る。「授業」が豊かな関係性の中で進められるようになれば「学習」が楽しくなり、自ずと子どもたちの満足度は高まる。

教職員の負担感や心理的な疲労がたまりにくくなり、時短とは違った形で働き方改革にまでつながるのではないかと考えているのです。

授業研を極力減らす

研究主任になってまず着手したのは、授業研を極力減らすということでした。理由は二つありました。

一つ目は、物理的に時間が取れないということです。その学校は、児童数約700人に達する市内で一番大きい学校でした。学級数は25クラスにも及び、一人一授業研を実施していては目が回ると思いました。

それまでは、担任外のポストとして研究主任が位置付けられていたのですが、様々な理由から私が学級担任と兼任する形で研究主任を引き受けました。担任しながら何十人の先生方の指導案に目を通し、指導主事とのやりとりをするのは困難だと思いました。

二つ目は、授業研が多ければ、校内研の時間が必然的に指導案検討に割かれると思いました。その時間を削り、職員同士の研修時間を増やしたいと思っていました。

何より、授業研を控えた先生方の精神的なプレッシャーをなくしたいと思いました。私が勤務する自治体では、授業研の年間予定を4月に市教委へ提出することが義務付けられています。指導主事の先生の来校予定を調整するためです。

例えば、10月に授業研が決まった先生にとっては、10月のことが頭から離れないまま半年以上を過ごすことにならないでしょうか。夏休み中も単元や指導案のことが頭をよぎり、存分に休めないと思います。

大変失礼な物言いになりますが、教育委員会には、学校の都合に合わせてほしいと思います。**春先、学級開きや入学式で慌ただしい中で「授業者の決定」を催促し、大きな荷物を先生方に背負わせた状態で子どもたちと出会わせるのは、本当に心苦しく感じます。**

誰のための授業研なのかと残念で仕方がありません。

余談ですが、ある年に指導主事の来校を断ったことがありました。2週間前に市教委側で他のブッキングが判明し、「日程を変更してもらえないか」と連絡があったのです。考える間もなく、お断りしました。もちろん、管理職の先生にも許可をいただきました。

授業者の先生は、4月からずっと授業を考えていました。授業者を募ったとき、迷わず手を挙げた若手の先生でした。校内研でも一生懸命に学び、他の先生方の教室に足を運び、授業研のその日に照準を合わせて生きてきたと言っても過言ではありませんでした。

そんな半年間を見てきましたから、「他のブッキングで日程変更」などできるわけがありません。研究主任として、自校の若手を守るためにも、「来校は結構です」の一択でした。

結果、その先生は自分の納得がいくまで授業を繰り返しました。直前の単元で1回、当日は校内のみで実施。その後、さらに別の教材で1回、計3回これでもかと思うほどやりきったのです。

これは、指導主事の先生を招いていてはできないことでした。授業研究会という位置付けではなくなったことにより、フットワークの軽い授業実践ができたのです。指導案検討のような空中戦ではなく、徹底的に授業で勝負するような地上戦ができました。

こうした場数を踏んだ先生は、きっと強くなると思えました。

ここに、研究主任としてのちょっとした企みがあります。

1年間に、数人ずつ深いつながりを生み出していくということです。

よく、「研究主任は孤独」という言葉を聞きます。きっと、職員全体が校内研に対して後ろ向きな状態に対し、行政や管理職との絡みもある研究主任は、その間でもがくことが多いからではないかと思います。

そんな気持ちで研究主任をされている先生方も多いかも知れません。

しかし、嘆いていても仕方がありません。どうにかして「仲間」を増やしていく必要があります。そのために、授業研を極力減らすのです。

授業者が少なくなれば、その先生と深くつながることができます。「何十人中の一人」ではできなかった「1：1」の関わり方ができるようになり、自ずと授業者とのパイプが太く強くなるのです。

研究主任の力で、職員室を大きくひっくり返すことなど無理です。1年に数人の密な仲間をつくるくらいの気持ちでいいのです。研究主任1人が3人を仲間にできたら、次年度はその3人が3人ずつの仲間をつくります。さらに翌年は、その9人が3人ずつの仲間をつくり、職員室の約半数を味方につけることができるかもしれません。

浅い関係で指導案を検討ばかりしても、「直し・直され」以上の関係にはなりません。お互いの妥協点を探り合うような関係性程度で、授業研後は「やっと終わった」というのが関の山です。数人でもいい。腹を割って話せるような強い職員関係を地道に築いていくためにも、授業研は極力減らしてみてはいかがでしょうか。

指導主事の先生を歓迎する

ある年の校内研のことでした。放課後に全職員が集って事後研究会に臨みました。

私はいつものように、司会進行をして先生方に対話を求めました。授業の一場面の動画を大画面に再生し、「気になったところはありますか？　と聞いてみましょう！」と話を振ってみたのです。

すると、先生方は堰を切ったように対話を始めました。会場約40人以上の先生方が、若手ベテラン関係なく、管理職や担任外の先生も和気藹々と話を弾ませたのです。

その瞬間、指導主事の先生がびっくりして座席で飛び跳ねたのを見ました。そして、隣に座っていた校長先生に何か話しかけているようでした。

私にはわかりました。「先生方すごいですね！　いつもこんな感じなんですか？」と話しかけているに違いないと思いました。

指導主事の先生は、ご指導の第一声でその様子を価値づけてくれました。「こんなに元気な校内研には出たことがありません。先生方のパワーに圧倒されました。私も頑張りたいと思います」と言って助言してくださいました。本当にありがたいと思いました。

私は前項で、「結構です」と指導主事の来校を断ったことがあると書きました。しかしそれは、指導主事の先生が嫌いなわけではありません（汗）。

指導主事の先生がいらっしゃったら「来てよかった」と思えるように歓迎する。それが学校体制として大切ではないかと考えているのです。

どうしても「指導主事」という名前が堅くて遠い存在に聞こえてしまいます。お呼びした段階で「指導する・される」という縦の関係になってしまうのです。「お互いに学び合う」とか、もっている知識を使って「共に考え合う」という伴走者や共同探求者のような関係ではありません。

そうなると、先生方としてはどうしても受け身になり、指導主事の先生も一般的なことを話すことが多くなるような気がします。心が揺さぶられるような時間、熱が帯びていく実感が湧かないまま、一方的な講義に耳を傾けるだけの時間になります。

そんな校内研はもったいないなと思います。

だからこそ、職員の熱量を最大限に高めた状態で講師の先生をお迎えしたいのです。せっかくの機会なのだから、校内研に全力で巻き込みたいのです。「お見送りをする」だけのような形式的な礼儀を越えていきたいのです。

指導主事の先生は、それぞれの学校が自校の研究に対して熱心に取り組むことを願っていると思います。研究が進んでいるかどうかより、一人一人がいきいきと校内研に臨んでいることを優先したいのではないかと思います。

もちろん、国や県の指導指針や各教科における指導ポイントの伝達は必要です。授業に対する知見を共有したり、職員が気づかなかったような視点で授業を分析したりしていただくことも大切です。

しかし、それは校内体制でもある程度カバーできる部分かもしれません。校内の先生方同士が、自身の経験を余すことなく発揮し合い、それでいてトップダウン的な形ではなく、活発な意見交換ができれば十分可能であると考えています。

また、情報にあふれている時代ですから、指導主事の先生から直接伝達されずとも、自分たちで調べればその概要は掴めるはずです。もしかしたら、指導主事の仕事はＡＩやchat GPTを活用すればその大部分が解決されてしまうかもしれません。

それでもなお、指導主事の先生を外部から招いて校内研をするとしたら、「人」がいらっしゃることの意味を考えて呼ぶべきだと思います。

それは、教室と一緒の構図です。ほめていただく、認めていただくなど、第三者視点で職員の雰囲気や空気感を評価していただくのです。大人だって、ほめられたらうれしいです。そして、やる気だって出ます。

そういう目で見ていただけたら、職員だって安心していつも通りに校内研に臨めます。熱く温かい校内研なら、指導主事の先生だって居心地がいいはずです。そんな風にして「来てよかったな」を実現させたいと考えています。

決して「いい研究していますね」「いい成果が出ていますね」と「研究を評価」していただきたいわけではありません。

前述していますが、研究自体の目的はあれど、学校教育目標達成のための歯車として研究活動があります。ぜひ、その点に関しても視野を広げて助言いただきたいものです。

もちろん、そのための打ち合わせや確認を研究主任が抜かりなく行っていくべきだということを付け加えておきます。

チューニングの機能をもたらす

校内研と聞くと、インプットの要素が強いイメージがあります。新しく出された調査の結果考察や指導法の獲得など、とにかく知識を入れたり視点を見つけたりする時間が設定されがちです。

毎回配られる大量の資料、「1スライド1メッセージ」とはかけ離れた説明書きたっぷりのパワポだけで頭がパンクしそうです。

また、研究主任が必死にまとめたスライドも、それをインプットしきれない先生方がいます。木曜日の放課後にそんなエネルギーは残っていません（本校は校内研が木曜設定）。研究主任にとっても、職員にとっても、非常にコスパの悪い時間となります。

だからこそ、校内研では「チューニングの機能」を最大限に活かしたいと考えています。チューニングとは、楽器を調整して正しい音程に合わせる工程のことを言います。

先生方の中にすでにあるものを活かして校内研を進めていくということです。今日の授業、昨日の生徒指導、今週の子どもの様子を想起し、校内研の目的や学校の目指す児童像に紐づける時間にしていくのです。

そのように校内研をデザインしていくと、職員が「ゲスト」になることはありません。逆に、研究主任が「ホスト」として必死になる必要もありません。

事実、本校の校内研はレジュメの一枚配付が基本です。研究主任から資料を出すのではなく、先生方の教室の様子を持ち寄っていただくことが研修材料となるのです。

そうして日々の経験を丁寧に振り返り、他者との対話の中で目的を切り出していく。知識至上主義の価値観を少しずつ修正し、子どもたちの育ちや成長、教師の変容にスポットを当てていくようにします。

みなさんは、「経験学習」という言葉を聞いたことがあるでしょうか。これは、アメリカの教育理論家であり組織行動学者のデイビッド・A・コルブ氏が提唱した理論で、経験を通じて学んだ内容を、次の経験に活かすプロセスを指しています。

また、経験学習において、ビジネスパーソンの学びの源泉の70%が経験、20%が他者との対話、10%が研修や書籍とされています。同じように、教員の学びを経験学習に置き換えて考えてみると、70％が日々の授業、20％が学年会、10％が研修や書籍と考えることもできます。

そうであるならば、週に25時間前後の授業（経験）を丁寧に振り返るだけで十分な学びになりそうな気がしませんか。

しかし、残念ながらこうした豊かな経験を丁寧に振り返ることもなく、毎日垂れ流しているような状態では、教師の十分な研修機会とはいえません。研究主任がいくら頑張ってスライドを流しても、それは先生方にとって10％程度の学びにしかならないのです。

もっと、「今日の授業はどうだったのか」という振り返りの時間があって、「子どもたちの活動」を丁寧に思い出して、「どんな手立てが有効だったか・なぜうまくいったか・またはそうでなかったか」を考え、「そのとき、自分自身の教育観がどうだったのか」を見つめ直してみた方がいいと思っています。

しかも、学年団や職員集団の対話の中で、です。一人では見つからなかった視点が浮き彫りになったり、自分の中で問いが生まれたりするはずです。

学校教育目標という北極星があり、毎日の授業という大きな地図があり、子どもたちの成長という宝の場所を確かめるのです。今自分はどこにいるのか、何がしたいのか、どの方角に進むべきかを考え続けるのです。

そうすれば、きっと先生方の中に、「これがしたかったんだ」「こうしなきゃならなかった」「とらわれていた」「流されていた」のように、整っていく感覚が生まれると思います。それこそ、チューニングが機能している瞬間ではないでしょうか。

そんな先生方が力を発揮するのが毎日の授業です。生徒指導も学級経営も、すべて授業の中で行っていきます。

自分自身の進むべき道を確認できた先生方は、自ずと授業に芯が通るはずです。何がしたいか、何をすべきかが明確になっているからです。**極端にいえば、「校内研の翌日は授業がしたくなる」ような機能を校内研にもたらしたいのです。**

必要以上のインプットをやめ、今もっている力を整えることができれば、目的不在の授業から脱却することができます。授業研を行っても、音のずれたような演奏会にはならないはずです。

先生方はみんな有能です（上から目線ですみません）。そんな先生方がのびのびと授業できない音のずれた状態にあるのは、チューニングの時間がないからではないでしょうか。

1年勝負のつもりで振り切る

公開授業などを見にいくと、「3年計画の3年目」というリーフレットを目にすることがあります。正直、3年間関わってきた先生はどのくらい職員室に残っているのだろうと考えることがあります。

もしかしたら、研究主任自体が変わっている学校もあるかもしれませんし、着任したばかりで訳もわからず授業だけやっている人もいるはずです。「お疲れさまです」としか言いようがありません。

これは、「3年計画など無理だ」と言いたいわけではありません。「1年勝負の3回目にしてみませんか」と提案したいのです。

以前に比べて、学校を取り巻く状況は目まぐるしく変わっています。変わりやすくもなっています。「ICT活用」も随分昔の言葉のように聞こえますし、「GIGAスクール」

だって数年後にはどう転がっているかわかりません。**「3年後」のつもりで立てた計画も状況がガラリと変わっていくことなど簡単に想像できます。**

もう一つ考えていることがあります。それは、「今年度の職員室を大事にしませんか」ということです。

あるセミナーの懇親会で、私立小学校に勤める先生方とご一緒したことがありました。そのとき、「先生同士が自分の教育観を言い合うような、いい意味で議論するようなことはありますか？」と聞いてみました。答えは「イエス」でした。

理由を聞いて納得でした。その学校では、ほとんど「職員の異動」がないからでした。その私立の小学校には、同じメンバーで長くやるしかない状況があったのです（他の私立学校の状況はわかりません）。

確かに、公立小学校は毎年の人事異動があります。馬が合わないような先生も、数年我慢すれば他校へ異動します。校長に打診すれば、学年や校務分掌など、ある程度の希望を通してくれるかもしれません。同じメンバーで1年勝負。複式学級があるような小規模校を除いてはこれが現実ではないでしょうか。

だからこそ、私は、今年度できることを1年単位で精一杯やり切ると決めています。

私だっていつ異動するかわからない身ですから、「3年後に」などと悠長なことは言っていられません。

今、この職員集団でしかできないことがしたい。1年単位で全力投球がしたいと思っています。その意味で計画するなら、「3年計画」も大賛成です。本気の1年が積み重なった3年間は、大きく学校の空気感を変えることができると信じているからです。

そうすると、「何を学んだか」という知識は時間と共に忘れることがあっても、「校内研って楽しいな」と思う修養の気持ちは残り続けるはずです。自分ごとになった目標に向かって学んでいったり、学校教育目標に準拠した形で実践することで、教師の学び方や実践への移し方を経験値として身につけられるでしょう。それが、自分で自分をチューニングする力となり、結果的に子どもたちや教室に還元されることとなるのです。

つまり、**先生方一人一人が実践者として自立し始めるということです。**そうした先生方は、学年団という枠組みの中で自走し始めるでしょう。校内研が、校内研によって持続可能な形を実現していくと考えています。

もしかしたら、全職員がそうなるとは限りません。ならないと考えた方がいいかもしれません。しかし、確実に黒を白に変えていくような流れはできます。メンバーが変わってもなお、校内研の目的や理念など、学びの体質は一定期間残り続けると思います。もちろん、新しい風が吹いて健全な新陳代謝が行われていくことは大切だという前提です。まえがきにも書きましたが、校内研には未来があります。希望もあります。負担ではなくむしろ、働き方改革の中核を担うでしょう。そう感じている理由が伝わるなら、こんなにうれしいことはありません。

研究主任は、年度末から年度はじめにかけて1年間の研究計画を出します。各月の校内研、授業研、その他研修会をカレンダーに書き入れます。

研究主任をしている、してきた方ならわかると思いますが、研究計画はかなりタイトです。職員会議の予定や、指導主事の都合に合わせた授業研によって、さらに動かしにくくなります。1年では足りない、1年などあっという間です。

でも、そうやって「1年勝負」を覚悟したとき、思い切った計画や活動ができると思います。**「初年度だからいいよね」のような半端なまとめは、今年度で異動される先生にとっても大変失礼です。**来年度いらっしゃる先生にも胸を張って出せません。

やはり、教室同様、研究も1年勝負が気持ちいいものです。

Column

尊敬する野口芳宏先生とのツーショットです。

勤務校の研修にいらした際、校長室で撮っていただきました。

私は千葉県に11年間勤めていたことがあり、「野口塾」で30分程度の講座で講師を務めさせていただいたこともありました。

岩手県で、しかも勤務校で再会することができ、本当にうれしかったです。

勤務校の研修会で「ホンモノ」と出会う機会がある幸せを噛み締めています。

2章

「授業研究会」のマインドセット

Mindset

目的を明確にして依頼文を書く

職員室を見渡してみましょう。きっと、力のある先生がたくさんいます。様々な研究会に所属していたり、勉強会に参加していたりする先生がいるはずです。ある教科を専門として地域の部会を牽引している先生や、実践発表に登壇したことのある先生もいるはずです。長期研修生として大学で学び直しをした先生や、指導主事を経験して管理職になっている先生もいるでしょう。

職員室は、「講師の宝庫」であると言えます。

それなのになぜ、外部から人を呼んで授業研を見ていただくのでしょう。ＯＪＴの視点から、校内体制で授業研を企画できたら、コスパもタイパも兼ね備えた持続可能な取り組みにならないでしょうか。

そう考えていた私が初めて研究主任になった年の春、「校内研に係る指導主事派遣申請について」という文書が届きました。そこで私は、管理職の先生にこう聞いてみました。「指導主事の先生は必ずお呼びしなければいけませんか?」と。

私は、「順番が違う」のではと思っていました。指導主事の先生は、学校の計画や都合に合わせてお力添えをいただくものだと思っていたからです。

でも現実は違いました。指導主事の都合に学校が合わせるスタイルだったのです(というよりも、各学校の学校公開やその打ち合わせが優先されており、指導主事が空いている日にちとマッチするかどうかで決まるような感じでした)。つまり、授業研の日程は、指導主事(学校公開等)の都合の合間をぬって、各校の希望をあてはめて決まっていくのでした。

管理職の先生の答えは「呼ばなければならない」の一択でした。指導主事の先生は地域の校内研のために位置付けられている先生だと教わりました。指導主事は、「担当教科」が決まっており、各校の研究主題に合わせて派遣が分担されると知りました。

誤解を恐れずに言えば、学校が指導主事の仕事をつくってあげているのではないか、とも思えました。

また、本校の研究は「教科」ではなく「学級経営」でしたから、申請書の「教科」という枠に困りました。エクセルの「プルダウン」で当てはまる選択肢がありませんでした。そして同時に、心苦しく思いました。

学級経営について指導助言できる先生がいるのだろうかと思ったからです。

もしいたとして、そのような助言をしたことがあるでしょうか。各教科の授業を見て、学級経営に関する助言をする。そんな校内研を経験したことがあるでしょうか。

もし、そんなお願いで困らせてしまうなら、むしろ呼ばないほうがいいと思うのです。

だから私は、管理職の先生に「指導主事の先生は必ずお呼びしなければいけませんか？」と聞いたのでした。

学校の求める助言と指導主事が伝える話が噛み合わないなら、お呼びする必要がありません。双方にメリットはなく、むしろスクラップしても構わない時間と言えます。何より指導主事の先生を歓迎できません。

だからこそ、指導主事派遣申請書には指導していただきたい内容を明確に書くようにしています。

研究主題に直結した形で表記するようにし、決して教科領域に関する指導法や指示・発問・説明の精度を求めるものではない旨（本校の研究主題の場合）を記します。

また、指導主事の先生が来校された際は、校長室でご挨拶させていただき、本校の研究活動について説明したり、どの点において指導助言をいただきたいかを明確に伝えたりします。ぼんやり伝えると、指導主事の先生が「話したいこと」に傾いていくので、割と強めに伝えています（もちろん失礼にならないよう細心の注意を払っています）。

教育委員会の先生方は私たちの味方です。私たちと一緒に考えてくれるはずです。**それが噛み合わない授業研だったとしたら、それは学校サイドが明確に「目的」を伝えていない場合が考えられます。「指導主事頼み」のような投げやりな依頼になっているかもしれないのです。**

依頼をするのは学校です。それなのに、指導主事の先生の話を「受け身」になって聞いているのも学校ではありませんか。

いい意味で指導主事を使う。校内体制では切り込んでいきにくい部分に言及する役を引き受けてもらう。そんな依頼が成立するとき、外部から人を招く意味も生まれてくるように思います。

依頼文にこそ、研究主任の意気込みが表れるはずです。

役割分担に徹する

「できることがあったら言ってね」のような言葉をよく聞きます。授業者の先生に対する思いやりの言葉だと思います。

私自身も、若手の頃にベテランの先生に言っていただいたことがありました。夜な夜なワークシートを印刷したり、子どもたちの作業用シートを作ってもらったりしました。掲示物や拡大コピーなどを頼んだこともありました。

もしかしたら、今もなおそうした「何かお手伝いしようか」という言葉が飛び交っているかもしれません。しかし、今なら絶対に頼むことはないでしょう。というよりは、「できること」や「お手伝い」はそこじゃないと認識するようになりました。

例えば、「できること」に「授業の流し方を全力で肯定する」という役割や、「批判的に指導案に突っ込んでもらう」ことを位置付けてみます。「この部分がいいよね」と共感する先生と「いや、でもこうした方がいいんじゃないか」という反論を述べる先生を同時にぶつけ合う感じです。すると、一つの指導案の多様な価値が浮かび上がります。

どうしても、「先生方どうですか?」と聞くと、それぞれの価値観や経験値で切り込んでくることがあります。そうではなく、役割分担を位置付けることによって指導案に切り込むための多角性を生み出すのです。

ちなみに、私は「質問する役」です。授業者の先生(特に若手の先生)に聞きまくるようにしています。

「これはどういうことなの?」「この部分では何がしたいの?」「どこにウエイトを置きたいの?」「このとき先生の立ち位置はどうしているの?」と自分の書いた指導案に潜ってもらうような質問を投げ続けます。

すると、授業者は抽象的だった言葉や流し方の曖昧な部分を細かく考え、語るようになります。その細部をさらに具体化するために、また質問を投げていきます。**この連続が、研究主任として先生方のチューニングを促す一つの方法だと考えています。**

授業研究会は、年間1000時間ある授業のたった1時間に過ぎません。言い方を変えると突貫工事、一夜城的な授業で乗り切ることも可能です。

しかし、残りの999時間が通常営業の授業に戻ってしまっては本当の意味で授業改善とは言えません。

だから、たかが1時間の授業研に懸命に取り組むことの先に、日々の授業改善という視点を持ち続けるための営みを指導案検討会に根付かせていきたいのです。言い方を変えると、「ここさえ踏み外さなければ大きく授業が崩れることはない」というその先生方の強みや柱を見出したいのです。

そのために、研究主任は先生方一人一人のやりたいことを指導案から読み取り、先生方のキャラクターや子どもたちの実態を把握し、教えるとか指導するではない立ち位置で質問します。いい意味で批判的に指摘することによって、授業者の先生のお力（自分らしさ）が引き出されるような「役割」を担います。ときには「ヒール役」であることも大切です。

同時に、学年団の先生方にはバックアップ体制をお願いしていきます。校内研とは別の機会に、授業研について相談に乗ってもらうような役割です。

研究主任が質問し、授業者の先生の中に問いが生まれ、授業構想がモヤモヤしたときに、話を聞いていただく役割が学年団なのです。

同学年であれば、同じ単元や同じ教材を扱うこともあります。隣の学級に行けばリアルな授業に出会えます。他学年の先生に比べてはるかに距離が近く、心理的安全性も高いはずです。相談に乗る先生方も自分ごとにしやすく、明日の授業が変わるきっかけにもなるでしょう。

これを「校内研」として放課後に位置付けてしまっては、気楽にテンポよく話が進まない可能性があります。対話のスピード感を考えると、学年団に任せてしまってフリートーク的に雑談で検討していった方が、はるかにタイパは高くなるはずです。

多くの先生方が一堂に会すると、「みんなでサポートしよう」という意識が強くなります。それはそれでいいことですが、本当に必要なサポートをするためには、役割分担が必要です。

質問役、反論役、肯定役を出しましたが、アイデア役、終わらせ役、切り替え役など、必要に応じて立場をつくってしまうと便利です。

役割分担があるだけで先生方の参加意識も高まり、たとえ大人数であっても議論が噛み合う指導案検討会になるはずです。

学習指導案の役割を履き違えない

気の遠くなるような指導案検討会を経験したことがあります。

必死になって起案し、朱書きが返ってきて、直し、検討会に臨み、指導が入り、直し、また起案する。授業を楽しむ前にドロップアウトしたくなるような時間のループでした。

特に若手の頃は指導法や手段の選択肢が少なく、ベテランの先生が言う通りに直していました。よく「誰の指導案かわからなくなる」と揶揄されますが、反論するための代案もない私はそうするしかありませんでした。

すると、飛んでくる言葉は決まって、「自分のやりたいようにやったらいい」というものでした。私はこんな投げやりな言葉はないと思っていました。「やりたいこと」が明確にないからこうなっているんじゃないか、と。

誰のための指導案か。何のための指導案か。なぜ指導案を書くのか。そして、指導案の役割が何かを考えなければ、このループから抜け出すことはできないと思います。

きっと多くの場合、学習指導案は大人のためのものになっています。

もう少し分解すると、**指導案には「参観者のため」「授業者のため」の二面性があると考えています。**

まず、「参観者のための指導案」として考えてみます。そこには、授業研当日のガイド的な機能が備わっていると思います。

参観者に対して「この単元で行いますよ」「本時はここですよ」「こんな目標に向かいますよ」「こんな感じで流しますよ」「こんな実態に合わせていますよ」と事前情報を流しておくのです。

これによって、参観者としては「なるほどね」「そういうことね」と先行知識を手に入れることができます。

次に、「授業者のための指導案」として考えてみます。そこには、授業研当日までの計画や準備など段取り的な機能が備わっていると思います。

自分自身に対して「授業はいつやるよ」「この単元にはいつ頃から入るよ」「こんな単元目標で進めるよ」「実態に合わせてこんな手立てを講じるよ」「本時はこう流すよ」と、見通しを立てるために書いていくのです。

こうすると、授業者としては「教材研究はこの辺りまでに」「教材教具はいつまでに」と事前準備をスムーズに進めることができます。

指導案検討会が苦痛な時間になっているとき、この「ガイド的な機能」と「段取り的な機能」が噛み合っていない場合が考えられます。

例えば、授業者が自分の「段取り」のためだけに指導案を書けば、参観者にとっての「事前情報」が弱くなります。「こう書いたほうがいいんじゃないか」「ここを明確にした方がいいのでは」とガイド的な機能不足を突っ込まれ、求められます。

逆に、「事前情報」だけにこだわって書いた場合、誰にでも書けるような形式的な指導案となり、「先生自身はどう考えているのか」「この授業で何がしたいのか」という「授業者の思い」を問われることになります。どちらにせよ、話が交わることはありません。

しかし、この機能の二面性を理解した上で話し合うと、指導案検討会によって指導案の役割が決まっていきます。指導案が先生方にとってのハブとなるのです。

すると、指導案はあくまで手段であることに気づきます。先生方をつなぐ手段です。

そして、先生方がつながってしまえば、あとは勝手に話が噛み合っていきます。

極端な話、指導案がなくても授業について議論できたり、「きっとこういうことなんだろうな」と、授業者の意図を理解し合えたりするでしょう。

何より、大人が大人の目を気にするような指導案検討会にはならないはずです。

一人一人の大人が、子どもの姿や教室の空気感をイメージして指導案を紐解いていくはずです。

そんな指導案検討会を目指し、実現させていくことが、研究主任としての務めだと考えています。

余談ですが、私は指導案は書けるに越したことはないと考えています。

最近、指導案の簡略化が叫ばれています。「A4 1枚」のような学校も多いようです。きっと、働き方改革としての取り組みなのでしょう。

しかし、**「10枚書ける人の1枚」と「やっと書いた1枚」では同じ1枚でも質的に雲泥の差があります。**

ここで言いたいのは、指導案を減らすなくすということではありません。職員室において、指導案の機能を高め直す意識が大切ではないかということです。

子ども目線で考える学習指導案

先ほど、学習指導案に備わっている機能の二面性について考えてみました。

しかし、そもそも指導案は「授業指導案」ではありません。「学習指導案」です。子どもが学び、習うための指導案だとすれば、いくら二面性があるとはいえ大人のために書いている時点で履き違えているということになります。指導案を書くとき授業者は、「子ども目線」を常に忘れてはならないのです。

もちろん、先生方は子ども目線で指導案を考えていらっしゃると思います。子どもを第一に据えた授業を構想されていると思います。

しかし、指導案を書く過程でどうしても頭が「授業指導案」になることはないでしょうか。「気づかせる」と書きながらも実際は「教えている」ような状態になったことはないでしょうか。

個人的には、「単元目標」や「本時の目標」のような授業のゴールが無理に設定されてしまうことが、そうさせてしまう原因ではないかと考えています。

これもまた、「指導案」という呪縛にとらわれています。手段の目的化です。書いたら書いたとおり、設定したら設定した通りに授業を進めたい、終わらせたいと思ってしまうのです。**この現象を、私は「大人の都合授業」と呼んでいます。**

そこに、子どもの困り感や子どもたち自身の問いはなく、立ち止まって考えるとか、一回戻って学習を調整する権利は子どもにありません。大人が「まとめ」を書き、強引に授業を終えてしまうのです。

指導案を書いている最中は、「指導『案』なんだから、当日は臨機応変に進めたらいいんだよ」と言います。子どもたちの実態に合わせて進めるべきだというもっともな意見です。

しかし、当日の事後研になると「なぜ、あのとき発問を変えたのですか?」「なぜこの時間を取らなかったのですか?」と指導案が「案」ではなくなっています。むしろ、「あれだけ検討したのに、急に変えるとは何事だ」と言わんばかりの悪い空気が流れることさえあります。そんな悪者扱いは、もうやめたいと思います。

そんなとき、決まって大人は子どもを見ていません。子どもを見ていないというよりは、評論家気取りで本時の授業を語っています。子ども目線ではないのです。

終わったことに対して、「ここでこうすべきだった」「もっといい方法があったはず」と否定的な意見を出して大人同士でマウントを取り合う時間になります。そこに、どんな学びがあるのでしょう。生産性を下げるばかりではないでしょうか。

だから、授業者を買って出る人が少ないのでしょう。授業者＝外れくじを引いたような感覚だからです。そして授業者は、横槍を入れられないように、大きく踏み外さないように、失敗しないように、指導案通りに進めようと保守的になります。

すると、指導案に自分の思いをぶつけることができなくなります。先生方に認めてもらえるようなガイド的な機能にのみ注意を払って指導案を書き上げるようになります。本時の目標にまっすぐ向かうような、自分自身の安心・安全のための道筋を描きます。

そんな指導案では、「何を書いたらいいんだろうか」「書き方がわからない」と、指導案を書くこと自体に苦痛を感じるようになります。

それを私たちは「ブラックだ」と言います。

結果的に指導案の簡略化という働き方改革もどきが遂行されます。

こんな「子ども不在の授業」から抜け出すためにも、研究主任という立場で指導案に対する軌道修正をし続けたいと思います。

授業者の思いをぶつけられるような自由度のある指導案。参観者へのガイド的な機能を果たすための先行知識を備えた指導案。

そして、子どもたちがどのような思考過程を辿るか、子どもたちの立場になって考える指導案を、常に俯瞰して調えていく必要があるでしょう。

そうした意味で言えば、指導案を見ていない状況で一度模擬授業を受けてもらうことなども、強引ではありますが子どもの立場になって考えるきっかけになります。そうした場を校内研で位置付ける価値は高そうです。

私たちは大人ですから、どうしても授業者の目線で考えることが常です。子ども目線になろうとしても、頭には単元計画や本時の展開がチラついてしまいます。

学習指導案を本当に子ども目線で考えるならば、学習指導案は「後出し」にしていくような環境づくりがいいのかもしれません。

先生方の当事者意識を高める

　学習指導案を「後出し」で先生方に配付することで、多くのメリットが生まれるのではないかと考えています。つまり、ガイド的な機能を一旦なくしてみるということです。まず、「授業者の段取り」のためだけに書いてみるのです。

　なぜなら、ガイド的な指導案のデメリットに、先生方をゲスト化してしまうことが挙げられるからです。無意識に受動的な構えをつくってしまいます。

　指導案を出してしまうと「あの先生の指導案」になります。「外」のものになります。また、「授業者と参観者」という隔たりが生まれます。職員室に授業者・同学年・その他という、「中心と周辺」が生まれます。「お疲れさまでした」というねぎらいの言葉自体、他人事のように聞こえることもあります。一緒の研究をしているはずなのだから、みんなお疲れさまのはずなのに。

これは、先生方の当事者意識が低い場合に起こる現象だと感じています。指導案を手にした瞬間、後出しジャンケンが可能になり、「こうすればよかった」「こっちの方がよかった」「こうしなきゃダメ」「ここが足りない」と評価するようになります。圧倒的ゲスト感覚、消費者マインドの参加態度です。

しかし、指導案を配付しなかったとしたらどうでしょうか。配付せずに当日の授業を参観してもらったらどんなメリットが生まれるでしょうか。

まず単純に雑談が生まれます。「どんな授業するの？」「どの単元？」「単元の目標って何？」と探究心が生まれます。同時にもっている知識で本時の展開を組み立てようとします。そして、少しずつ、自分ごととしてイメージをふくらませます。主体的に教材や本時の授業に臨むようになるでしょう。

研究者や評価者というスタンスではなく、実践者や共同探究者的なスタンスに変わるのです。

そして何より、本時の授業に向き合うようになります。「手元の指導案と睨めっこ」のような時間が生まれない分、授業者と子どもたちの姿を目に焼き付けようと顔が上がるようになります。

また、授業者にとっては前日ギリギリまで段取りを練ることができます。前日の子どもたちの様子に合わせ、最新の実態を踏まえた指導案が書けます。

よく見る光景ですが、授業中壁にもたれかかって難しい顔をし、指導案ばかりを読んでいる先生がいます。そんな時間があるなら、子どもたちを見てほしいと思います。というか、事前に配付しているのだから、あらかじめ読んでおいてほしいくらいです。

研究主任にとっても、準備期間をその先生とみっちり打ち合わせに使うことができ、指導案検討の日程も間近に設定できます。

総合的に判断しても、メリットしかないと感じています。

私の勤務している地域では、1週間前に指導案を指導主事に提出することが義務付けられています。

すると、その1週間前には指導案検討が行われることになり、そのためにさらに1週間前に形にしてもらい、管理職に目を通してもらう必要があります。

そうして逆算しながら、まず叩き台をつくってもらうことを考えると、遅くても2ヶ月ほど前から指導案作成に着手しなければなりません。

すると、頭の片隅にずっと「指導案」というショートカットが残り続ける状態になります。頭の中でメモリを使い続けるので、他の仕事の生産性が落ちることも考えられます。

それでいて、指導案作成は割と水面下で事が進んでいくため、先生方を巻き込まずに指導案が8割程度完成します。

先生方がゲスト感覚になったり、消費者マインドになったりするのは当然といえば当然で、当事者意識が薄れていくのは、研究主任の仕事はこび次第なのだと感じました。

ここで考えておきたいのは、先生方の当事者意識が低いことや、参加態度がゲスト感覚だというネガティブな現象ではありません。

研究主任が何気なくやっている、当たり前のようにしている準備が、先生方のもともともっていた当事者意識を奪ってしまっているのではないかという現実です。

授業改善が叫ばれ、心ある先生方がチャレンジングな授業を展開しているにも関わらず、授業研究会のデザインがずっと変わらないことへの行動改革を起こしたいのです。

授業研のための練習を位置付ける

しかし、「次の授業研から指導案の配付をやめましょう」なんてことにはならないと思います。春先に指導主事への申請を済ませ、数ヶ月前から動き出し、指導案検討会にかけ、事前配付する。その流れ自体を変えていくことは容易ではありません。

先生方の心構えができていないのに、システム変更だけを行ってしまっては、校内研自体が空中分解してしまうことが考えられます。

授業研自体が、ある種校内研のための手段であるという認識があること。それが学校教育目標の歯車になっていること。そして、それらを通して職員が目的意識を再確認するというチューニングの機能をもたらしたいということ。

ここまで共通理解が図られたとき、指導案にこだわらない授業研が少しずつ定着していくのではないかと考えています。授業研を緩やかに変えていくステップがあるのです。

そこで、「授業交流会」という取り組みを実施してみました。授業研のための練習会という位置付けです。授業交流会の詳細については、次の章で書きたいと思います。

授業交流会について、私が校内で提案した際の概要を紹介します。

①年間計画の中に二度位置付ける（授業交流会週間）。
②2週間程度の期間を設け、各学年から1名ずつ授業者を決定する。
③教科は自由とし、ガイドのための指導案は書かないこととする。配付もしない。
④期日・時間・教科を明記した授業交流会週間の予定一覧を作成し、周知する。
⑤授業参観は自由とし、途中での出入りも可としておく。
⑥参観シートを用意し、研究の視点で気づいたことを切り出してもらうようにする。
⑦放課後に15分程度の座談会を設定し、簡単に交流会を開く。
⑧研究通信に授業の概要や振り返りの様子を記載し、研究の方向性を確認する。

この流れを2週間の中で繰り返します。すると、「授業を見られる」というハードルが下がるばかりか、「授業を見る」視点が磨かれていきます。そして、事後研で研究に対するチューニングが可能となります。

私は、この授業交流会を実施してみて、「大人にこそ練習が必要ではないか」と感じました。なぜなら、授業研はいつも「本番」だからです。

どれだけ事前研を重ねても、指導主事の先生がいらっしゃるのは一度きりです。子どもたちと一緒に本時の授業を展開するのも一度きりです。その一度のために時間を割きすぎるのは、自分たちで自分たちを苦しめているも同然です。

もっとフランクに、もっと手軽に「生の授業」を見せ合えたらいいと思っています。簡単に言えば、場数を踏みたいのです。模擬授業とか、隣の教室を借りる授業ではない、日常的な授業を公的な場にしていきたいのです。

机上の空論はもうやめにしたい。「秋の授業研＝研究の集大成」のような一発勝負のプレッシャーも、もうやめませんか。

だからこそ、授業研という非日常の取り組みを、授業交流会という日常的な取り組みの中に関連付け、1年の中で徐々に先生方の質を高めていく方策を考えたいと思いました。

7月に「授業交流会①」を行い、練習を重ねる。そして、9月に1回目の授業研を位置付け、本番に臨む。さらに、10月に2回目の授業研を位置付け、1回目の修正・改善をし、

12月に「授業交流会②」で、非日常を日常に戻すような「実践的授業研」を位置付けていくのです。

授業研を「ぶつ切り」で「ぶっつけ本番」にせず、日常的な交流の場として機能させていくために、長期的に練習と本番を繰り返していく営みが大切ではないでしょうか。

話は少しそれますが、「練習」という言葉は「トレーニング」と言い換えることができます。

「トレーニング」という言葉は、「引っ張る・牽引する」という意味のラテン語が語源と言われており、目的達成に導く「練習」として「トレーニング」と言うようになったそうです。

この意味から考えても、研究主任が校内研や授業研を牽引していくための「練習・トレーニング要素」を年間計画の中に位置付けていくべきだと思います。

そうすることによって、どう授業を見たらよいか、どのように授業から研究要素を切り出していくかを職員同士で共通理解することができます。

それが、「授業交流会」という位置付けなのです。

謝辞こそ、熱く語る

ある事後研の最後に「謝辞」を述べました。コロナ禍でしばらくできなかった授業研だったので、久々の事後研でした。そこで話した謝辞を紹介します。

○○先生、本日はお忙しい中、若葉小学校の校内授業研究会にお越しくださり、本当にありがとうございました。

先生の話からたくさんのことを学ばせていただきましたが、それよりも大きな「安心」をいただいたように感じています。

本校は、令和2年度から「学級づくり」に舵を切って校内研を進めてまいりました。それまで本校は、国語科・算数科という教科に特化した研究が盛んで、令和元年度も盛大な学校公開が行われました。

その研究活動を引き継ぐ形で私が研究主任となりましたが、正直、初めての研究主任、初めての学級経営を軸にした研究活動に、どこか自信をもちきれずにいました。これでいいのだろうか、この方向で間違っていないだろうか、研究活動は本当に歩みを進めているのだろうかと、毎日毎日考えて今日に至りました。

「学級づくり」を軸にした研究主題を設定している学校は近くになく、研究主任会議で集まって話しても、本校のような研究主題は珍しいと言われました。

そんな状況ですし、前任者は退職されていますから、誰に相談していいかもわかりませんでした。真っ暗なトンネルの中を、灯りももたずに進んでいるような状態でした。正直、孤独を感じたこともありました。

でも、先生方はたくさん協力してくださいました。私のやりたいように、研究活動を任せてくださいました。日々の校内研も、今日の授業研も、たくさん支えてくださいました。真っ暗なトンネルの中でしたが、確かに先生方の「足音」が聞こえました。

今日の◯◯先生の指導・助言では、授業者の先生をたくさん価値付けていただいたほか、協議に臨む先生方の熱気をほめてくださいました。本当にうれしかったです。これがいつもの若葉小学校です。

同時に、本校の校内研のあり方が大きく間違っていないのだと「安心」しました。どんな研究活動が正解かはわかりませんが、本校の先生方とならもっと豊かな校内研をつくっていけると思いました。これからも頑張っていきたいと思います。

○○先生、ぜひ今後も若葉小学校へご指導いただけるとうれしいです。末長くよろしくお願い致します。

簡単ではありますが、謝辞とさせていただきます。

本当にありがとうございました。

この謝辞を述べている最中に、二度ほど涙が込み上げてきました。もちろん、ぐっとこらえましたが、それほど熱を込めて話せたと思い返しています。

講師の先生をお見送りした後、後輩の先生から「謝辞ってあんなに長いんですね。古舘先生語るな～って思いました」と声をかけてもらいました。ベテランの先生からは、「古舘先生があんな風に考えているなんて思わなかった」と声をかけてもらいました。

どちらも、いい意味で受け取ってもらえたと思いました。素直にうれしかったです。

講師の先生がどう受け取ったかはわかりませんが、毎週のようにどこかで謝辞を受けているはずです。変な話ですが、「言われ慣れている」とも思います。だからこそ、一味違う謝辞をプレゼントしたいと思いました。本校の研究活動を受け取ってもらいたいと考えていました。**一期一会を大切にしたいと思いました。誰にでも話せるような、どこでも聞くような謝辞はやめようと決めていました。**

また、本校の先生方にも今の気持ちを素直に伝えたいと考えました。普段、こうした本音の話はできないからです。本音よりも弱音に聞こえてしまいかねません。外部の人を招いた公的な場で話すことで、より真剣さが伝わると思います。だから後輩の先生も、ベテランの先生も声をかけてくださったのだと思います。

私は、事後研が大変苦手です。正直、「終わった授業のこと」を掘り起こした「たらればの話」に価値を感じていませんでした。

大きな学びが転がっていたはずですが、掴みきれなかった私は、そんな時間が苦痛でたまりませんでした。

でも、今は違います。授業研に感謝、授業者の先生に感謝、職員に感謝、指導主事の先生に感謝、そんな方々へ謝辞の言葉を考えると、事後研が宝探しのような時間に変わります。読者の方々の学校でも、たくさんの宝物が見つかりますように。

Column

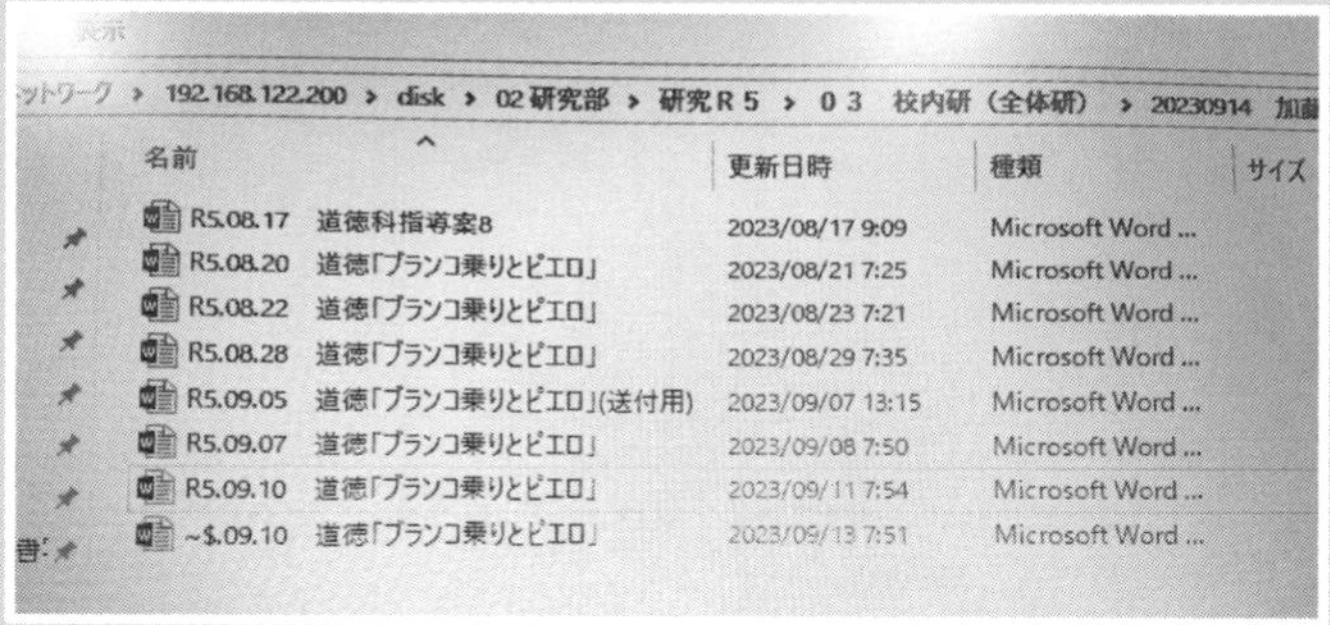

授業研に向けた指導案作成は、「上書き保存」ではなく、コピペで複製上書きを推奨しています。

写真の指導案は２年目の先生のものですが、１ヶ月で７本の指導案が複製されていました。

こうすることで、自分の変容、授業への向き合い方が変わっていく様子が段階的に可視化されます。

力量形成、自己認知の視点から考えても、かなり有効だと考えています。

3章

「授業交流会」のマインドセット

Mindset

授業交流会のメリット・デメリット

ここでは、「授業交流会」という取り組みについて説明していきます。「日常的な授業公開を頻繁に行う」と言えばイメージしやすいかと思います。

きっと、先生方の学校でも実施しているかもしれませんし、すでに多くの研究主任が取り組んできたことかもしれません。

それを、私がこの数年間で取り組んだ実践としてまとめ、紹介させていただきます。

本章は章題を「『授業交流会』のマインドセット」としてあります。

先生方の学校で実施しているスタイルに対して「その意味を再構築してみませんか」という視点。まだ実施していなければ、「こういう心構えで実施してみるといいですよ」という視点で書いてみました。

また、日常的に授業参観可としている学校も多いと思いますが、それが研究目標や研究活動にどう位置付いているかを考えるきっかけにもなると思います。

様々な学校の実態に応じて取り入れていただけるように考えてみました。ぜひ、校内で授業交流会を実践していただけるとうれしいです。

しかし、授業交流会を導入するのは容易なことではありません。

本校で初めて授業交流会週間を終えたとき、教務の先生から「古舘さん、よく交流会やり切ったね」と言われました。言われた瞬間は全く意味がわかりませんでしたが、話しているうちにその理由がわかりました。提案した際、職員室がシーンとなり、凍りついたことを思い出しました。

そもそも、日常的な授業を見せ合う経験が少ない先生方にとって、ハードルが高すぎたのかもしれませんでした。学年一人の授業者を出してもらうことも、裏では責任の押し付け合いになってしまっていたのではないかと思うと、ゾッとしました。

でも私は、その方が風通しのよい校内体制になっていくだろうと見込んでいましたし、授業を公開したことによって先生方が一皮剝けるはずだと信じていました。

結果的に、２週間で80人前後を動員する取り組みになりました。

ここで、授業交流会のメリット・デメリットについて考えてみたいと思います。

メリット

・先生方の授業を公的に参観できる（特に若手の先生）。
・出入りが自由のため、授業を中抜けして少しの時間でも参観できる。
・先生方の日常的な指導場面に立ち会える。
・授業公開によって教室が開放的になり、学級の相談（生徒指導など）がしやすくもなる。
・全学年の授業を短期間に参観できる。
・管理職も学校の様子を一気に把握しやすい。

デメリット

・自分の学級を自習体制にする時間が多くなる。
・必要以上に授業準備に時間を割いてしまう（非日常化）。
・専科の先生や特別支援学級の先生が置き去りになりやすい。
・ネガティブな形で授業者が決まると、同僚性が下がる可能性もある。

職員室を思い浮かべてみたとき、このようなメリット・デメリットが浮かびました。

実際、「いつでも見に来てね」という先生はたくさんいると思いますが、そのきっかけをつくってあげる必要があると思っています。1回見に行けば、2回目以降は気持ち的に楽です。漕ぎ出しは丁寧にする必要があります。

また、先生方は、例えば「国語科の指導法を学ぼう」という意識より、「あの先生はどんな感じで授業しているのかな」という関心が高い場合があります。途中退室や一部参観を可能にすることによって、それらもクリアできます。しかし、指導主事の先生を招いた場合、こうした入退室の多い参観は難しくなるでしょう。

しかし、それ以上に、見られる経験を積んだ授業者は肝が据わります。校内授業研究会のような大規模な形ではありませんが、適度な負荷の中で教師も成長できるのです。

もちろんデメリットもありますが、その辺りをどうカバーしてきたかについては、この後説明を加えていきます。

最大のメリットとして感じているのは、研究主任として学年団と密につながる機会があるということです。放課後に位置付ける15分間の座談会が一人一人の先生方をチューニングするチャンスになります。

総合的に考えても、メリットの勝つ取り組みだと考えています。

授業交流会の設定と計画

では、63ページに記載した①〜⑧の内容を具体的に説明していく形で話を進めていきます。まず、回数と期間です。

本校では、公的な授業交流の場を二度設定しています。時期は学期末としており、7月上旬の2週間と、12月上旬に2週間です。

この2週間の中で、6学年がそれぞれ1時間ずつ授業を公開していきます。

学校の実態に合わせ、時期を変えたり期間を延ばしたりすることも可能です。

研究主任ができる限り参加できるようにするために空きコマを知らせておくと、その時間に設定してくれるようになります。先生方が自走し始め、授業交流会自体が軌道に乗ってくると、研究主任がいなくても実施できるようになってきます。

研究部の先生方にお願いして、学年で調整してもらいながら設定します。

あらかじめ年間計画の中に位置付けておき、詳しい期間については毎月の職員会議で提案していきます。その旨も研究部の先生に伝えておいたり、管理職の先生に了解を得ていたりすればスムーズです。いわゆる「根回し」というものです。

私が初めて提案した際は、寝耳に水の状態で、「授業公開って何？」「授業研なの？」「誰がやるの？」「教科は？　指導案は？」と職員室が凍りついたことを覚えています……。

期日、時間、授業者の３点が出揃ったら計画表を作り、その授業交流会週間のカレンダーを研究通信に記載して配付します。教務の先生から出される週報にも記載をお願いし、職員室の予定黒板にも明記してもらうようにしましょう。

この際、なぜ授業交流会をするのかという明確な理由をもっておくことが大切です。そうでなければ、「漕ぎ出し」でしくじる場合があるからです。言葉は悪いのですが、場合によっては圧力で潰される可能性もなくはありません。

授業研があって、その本番一発勝負では届かない深さに手を伸ばすために、こうした日常的な機会を活用しながら職員の研究に対する認識を深めていく。また、職員が授業を通して交流を図り、その同僚性を高めていく。

そんな願いと目的をはっきりさせておくとよいでしょう。

授業者の主体性を引き出す

授業日が決まったら、あとはその日に向けて進むだけです。しかし、校内授業研究会のように大掛かりなイベントではありませんから、研究主任としてはほぼ準備が必要ありません。職員室で声をかけたり、相談に乗ったりする程度で構わないでしょう。

4年目を迎えた本校は、道徳科を絡めた研究主題に着手しました。それまでやってきた授業交流会の「教科フリー」ではなく、「道徳の授業」という縛りを設けました。

しかし、授業交流会導入時は授業者の選択肢を増やすためにも「教科フリー」で実施することをおすすめします。なお、指導案は求めないことにしています。

もちろん、「研究活動として求めない」だけであって、授業者が自発的に書く分には構いません。その方が、先生方にとって随分血肉となる経験になるでしょう。

何より、自己決定や自己判断を促すことで主体的に授業に臨むようになります。

また、当日は多少人目もあるため下手にガミガミ言ったり、叱り飛ばしたりすることはないはずです。おだやかに、温かく接するはずです。こうした、授業者の本来もっている力を引き出し、忘れかけていた自分の指導技術に出会う機会にもなります。

教科を選ぶことができれば、自分の得意とする教科やチャレンジしてみたい教科を選びます。関心が高い教科ですから教材研究も楽しく、専門性も高めることができます。

参観する先生方も、暗黙的に「あの先生はこの教科が好きなんだな」と認識でき、学年団で頼られるようになったり、職員室で話題が広がったりするきっかけにもなります。

校内授業研の授業者となれば、どこか「研究のための犠牲」として見られることになり、自由度のない予定調和的な授業研になる可能性がありますが、授業交流会では授業者の自己決定がそうさせません。

授業交流会には、こうした授業者の自己開示的な要素を引き出すねらいもあります。自己開示が進んだ職員室は、自ずと風通しがよくなります。こうした同僚性は、月1回の校内研での協議を白熱させることにつながり、いざ授業研本番を迎えても崩れない一枚岩の職員集団となるのです。

参観者のフレームを外す

先生方は、これまで何本の授業研を見てきたでしょうか。年間に2本だとして、10年で20本。また、初任研や若年層研修があれば加算され、学校公開や研究会に参加すればさらに増えるでしょう。20年勤めた方は、その2倍になります。

私は、現場に出て18年です。先輩の授業を見せていただいたり、自分が授業をしたり、何度も何度も指導案と向き合ってきました。

そんな中で、きっと私たちは知らず知らずのうちに「授業研のイメージ」を勝手につくりあげていると思います。「指導案の書き方」が染み付いていると思います。

この18年、千葉県と岩手県の指導案や授業研を見てきましたが、正直、形式にほとんど違いはありません。むしろ、ずっと昔から同じだったのだろうと思わざるを得ない状況です。

時代が進み、現場の状況が目まぐるしく変わっているのに、授業研だけがずっと取り残されているような状況だと感じています。

こうした殻を破る方法、頑丈な鎧を脱ぎ捨てる手段として、「指導案を配付しない」という選択をしてみてほしいと考えています。

指導案には、少なからず「ガイド」の機能が備わっています。参観者に対する敬意の象徴ではあると思いますが、それは「校内のみ」の授業において本当に必要かと考えていただきたいのです。指導案と睨めっこする授業公開にしてほしくないのです。

指導案というガイドや、授業を見るフレームを外すことによって、ある種「自分の見たいように見る時間」をつくり出してみてはいかがでしょうか。自由に参観していいとなったとき、先生方は何をどのように見るでしょうか。そこに、参観者自身の教育観が表れていくと思います。**極端な言い方をすれば、焦点化され続けていた授業の見方を「リハビリ」する時間を位置付けているのです。**

そうして先生方が自分らしく授業を見るようになって初めてリセットされ、校内研の目標に向かってチューニングすることが可能になるのです。

授業参観シートで整える

しかし、「自由に見てよい」と言われても、自由という不自由に陥ることがあります。これまで、散々指導案に縛られ、「T - C - T - C……」と授業記録をとってきた先生方にとって、授業を「ある視点」で切り出していく見方は大変難しいかもしれません。

急に指導案のない状態で授業を見せ合いましょうと言っても、自由というよりは放任に近い形になってしまいます。たとえフレームがなくなっても、染み付いた見方で授業が目に飛び込んでくるに違いありません。授業の流れだけを追うような見方をしてしまう可能性もあります。

特に、本校では学級づくりを軸にした研究主題を設定してきましたから、雲を掴むような感覚になります。授業において見えないものを見える化していく必要があります。

そこで、授業を参観する先生には「授業参観シート」という用紙を授業を見るための補助線にしていただくようにしました。

参観シートは、全体を9分割したシートです。縦軸は「①序盤②中盤③終盤」で3行にし、横軸は「①教科の流れ②支え合い・関係づくり③その他」を3列で位置付けます。45分の授業を9マスに分けた状態を作ります。

この参観シートも、できる限り提出を求めていますが、絶対とはしていません。授業中は授業を見てほしいからです。メモや記録より、目に焼き付けてほしいと考えています。その中で、心が動いた瞬間や何か気づきがあったときには書き込むようにしていただいています。

この参観シートには、二つのねらいがあります。一つ目は、**参観者のフレームを再構築すること**です。これまでの見方を一度外し、校内研に合わせた視点で授業を切り取ってもらうための手立てとしています。

二つ目は、**研究主任が何を大切にしているかを示すということ**です。「この視点で見てください」という縛り（不自由さ）を与え、「何のために何がしたいのか」をはっきりさせるのです。

次項から、実際の参観シートを紹介し、解説していきます。

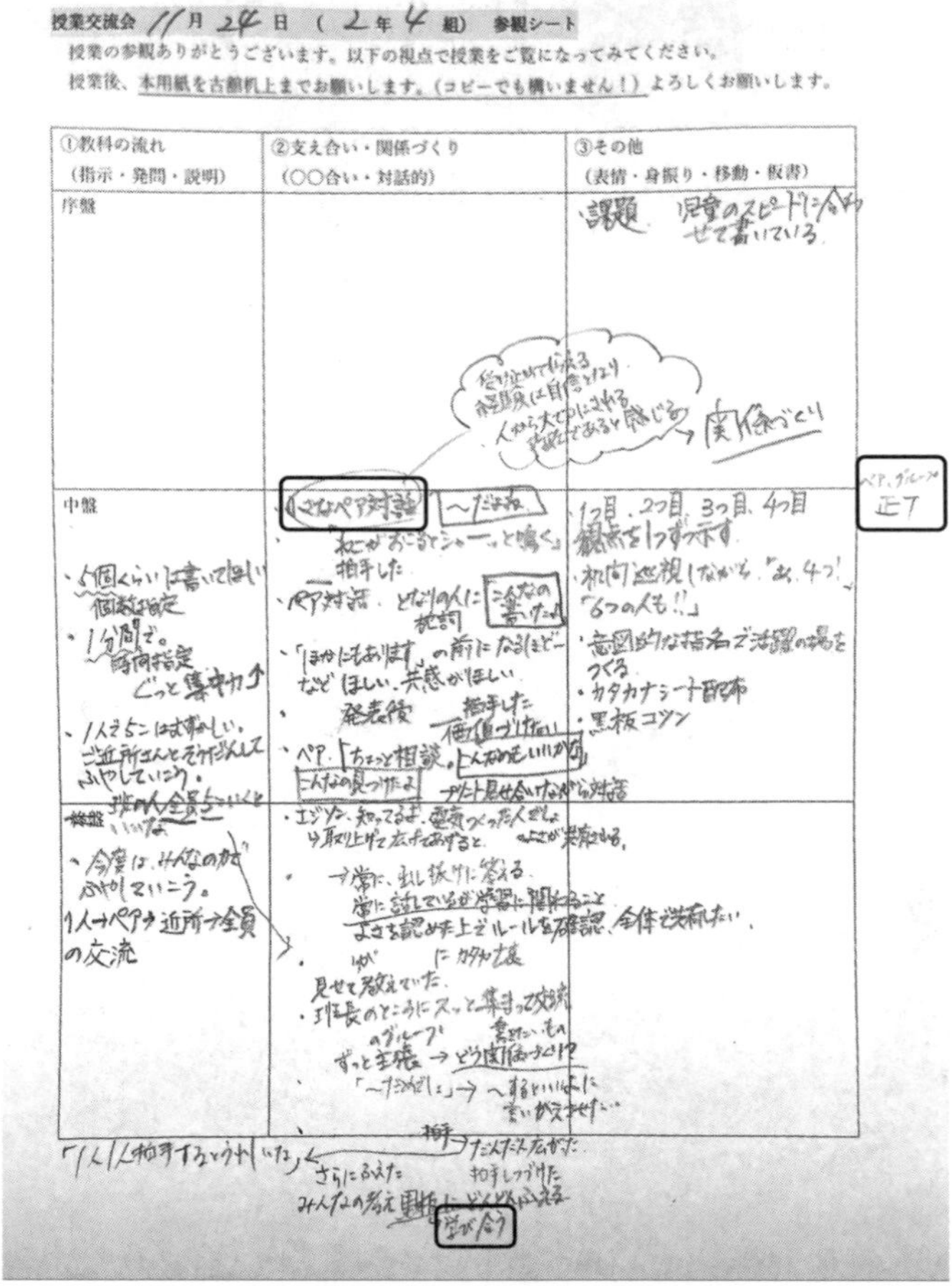

授業交流会　11月24日（2年4組）参観シート

授業の参観ありがとうございます。以下の視点で授業をご覧になってみてください。

授業後、本用紙を古舘机上までお願いします。（コピーでも構いません！）よろしくお願いします。

①教科の流れ（指示・発問・説明）	②支え合い・関係づくり（○○合い・対話的）	③その他（表情・身振り・移動・板書）
序盤		課題　児童のスピードに合わせて書いている
中盤 ・5個くらいは書いてほしい　個数指定 ・1分間で。時間指定　ぐっと集中力↑ ・1人で5こはむずかしい。ご近所さんとそうだんしてふやしていこう。	小さなペア対話　〜だよね。 ・拍手した ・ペア対話　となりの人に「こんなの書いたよ」 ・「ほかにもあります」の前になるほど〜などほしい。共感がほしい ・発表後　拍手した　価値づけたい ・ペア「ちょっと相談」「1人何個もいいかな」「こんなの見つけたよ」	1つ目、2つ目、3つ目、4つ目　観点を1つずつ示す 机間巡視しながら「あ、4つ！」「6つの人も!!」 ・意図的な指名で活躍の場をつくる ・カタカナシート配布 ・黒板コツン
終盤 ・今度は、みんなの力でふやしていこう。 1人→ペア→近所→全員の交流	・エジソン、知ってるよ。電気つくった人だよね。 ・常に、話し続けに答える ・班長のところにスッと集まって交流 ずっと主張→どう関係づくりか	

「1人1人拍手するとうれしいた」
さらにふえた　みんなの考え　目が合う

実物①　令和４年度に使用した参観シート

実物①から考えたこと

縦軸は、①序盤②中盤③終盤で3行に区切っています。横軸は、①教科の流れ（指示・発問・説明）②支え合い・関係づくり（○○合い・対話的）③その他（表情・身振り・移動・板書）の3列としています。

令和4年度は、授業における子どもたちの関わりを重視して研究活動を進めていました。そこで、話し合い、関わり合い、教え合い、説明し合い、考え合い……のような「○○合い」を中心に位置付けて授業を見ていただくようにしていました。

この先生は、「小さなペア対話」という言葉で授業の様子を切り出し、その数をカウントしています。場合によっては、一度も声を出さないまま授業を終えるような子どももいる中で、こうした視点をもって授業を参観される姿勢がこの先生の教育観を表していると感じました。

もちろん、こうした小さなペア対話を授業にたくさん取り入れていこうという話や、それによって共感的な理解を促すことは、校内研で確認してきました。

この先生が「学び合う」とはどういうことかを考え続けていくマインドが見え、単なる「記録用紙」ではないことが伝わってきました。

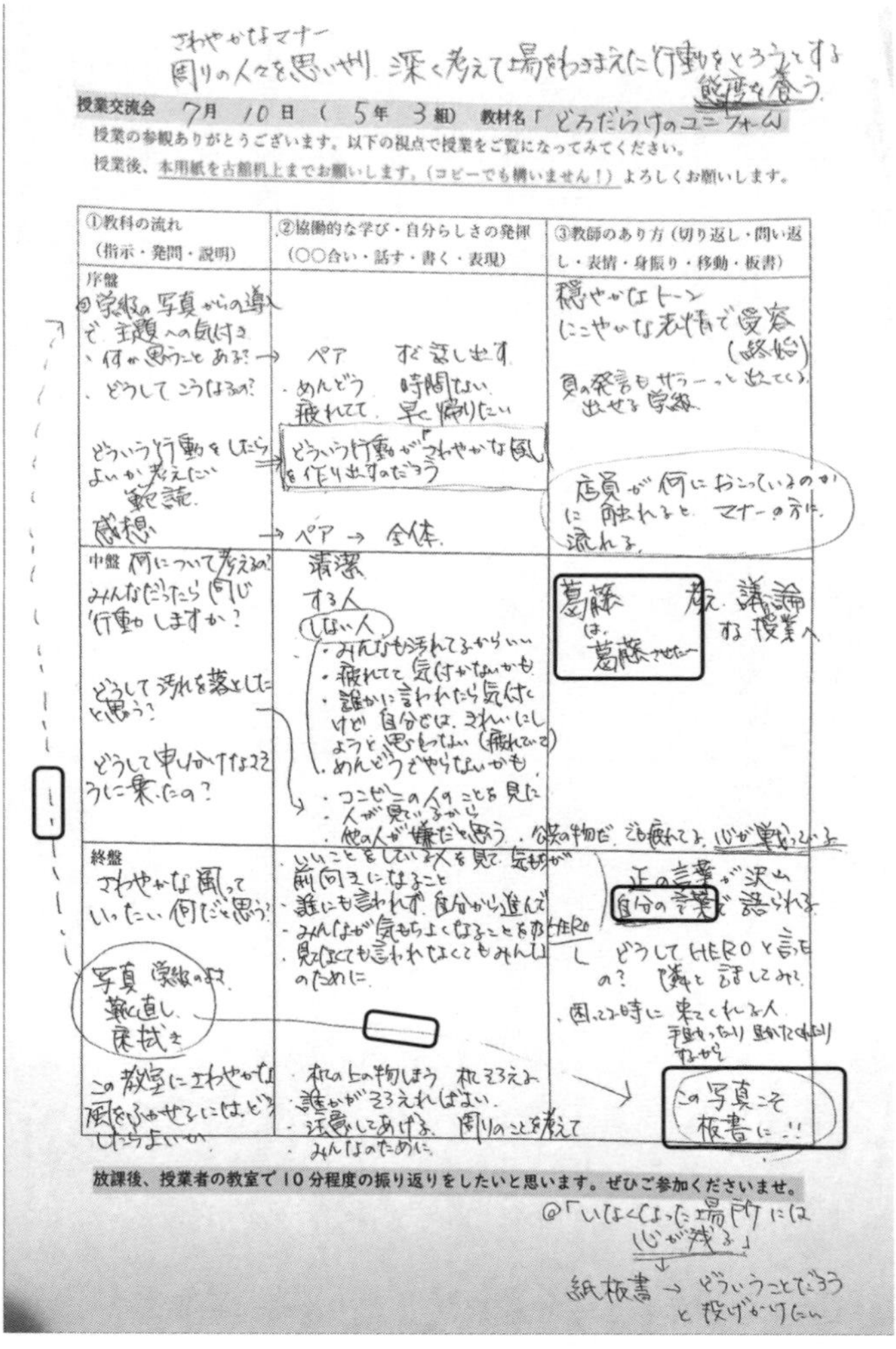

さわやかなマナー
周りの人々を思いやり、深く考えて場をわきまえた行動をとろうとする態度を養う

授業交流会　7月　10日（　5年　3組）　教材名「どろだらけのユニフォーム」

授業の参観ありがとうございます。以下の視点で授業をご覧になってみてください。

授業後、本用紙を古舘机上までお願いします。（コピーでも構いません！）よろしくお願いします。

①教科の流れ（指示・発問・説明）	②協働的な学び・自分らしさの発揮（○○合い・話す・書く・表現）	③教師のあり方（切り返し・問い返し・表情・身振り・移動・板書）
序盤 ◎学級の写真からの導入で、主題への気付き ・何か思うことある？ ・どうしてこうなるの？ どういう行動をしたらよいか考えたい 範読 感想	ペア　すぐ話し出す ・めんどう　時間ない 疲れてて　早く帰りたい どういう行動が「さわやかな風」を作り出すのだろう →ペア→全体	穏やかなトーン にこやかな表情で受容（終始） ㋑の発言もサラーっと出てくる。出せる学級 店員が何におこっているのかに触れると、マナーの方に流れる。
中盤　何について考えるの？ みんなだったら同じ行動しますか？ どうして汚れを落としたと思う？ どうして申しわけなさそうに乗ったの？	清潔 する人 しない人 ・みんなも汚れてるからいい ・疲れてて気付かないかも ・誰かに言われたら気付くけど自分では、きれいにしようと思わない（疲れていて） ・めんどうでやらないかも ・コンビニの人のことを見た ・人が見ているから ・他の人が嫌だと思う。公共の物だ。でも疲れてる。心が戦っている	葛藤は、葛藤させたい 考え議論する授業へ
終盤 さわやかな風っていったい何だと思う？ 写真　学級の子ども　靴直し、床拭き この教室にさわやかな風をふかせるにはどうしたらよいか	いいことをしている人を見て、気持ちが前向きになること ・誰にも言われず、自分から進んで ・みんなが気もちよくなることをする HERO ・見ていなくても言われなくてもみんなのために ・机の上の物しまう　机そろえる ・誰かがそろえればよい ・注意してあげる　周りのことを考えて ・みんなのために	子の言葉が沢山 自分の言葉で語られる どうしてHEROと言うの？　隣と話してみて ・困った時に来てくれる人　手伝ったり助けてくれたりする この写真こそ板書に！！

放課後、授業者の教室で10分程度の振り返りをしたいと思います。ぜひご参加くださいませ。

◎「いなくなった場所には心が残る」
↓
紙板書→どういうことだろうと投げかけたい

実物②　令和５年度に使用した参観シート

実物②から考えたこと

縦軸は、令和4年度と同じように序盤・中盤・終盤で3行に区切っています。横軸は、教科の流れ（指示・発問・説明）、協働的な学び・自分らしさの発揮（〇〇合い・話す・書く・表現）、教師のあり方（切り返し・問い返し・表情・身振り・移動・板書）としました。研究主題が変わったことや、学校の育成課題を意識した内容に変更しています。

この先生は、授業を参観しながら、「自分だったらどうするか」を考え続けているように感じました。「葛藤は葛藤させたい」という書き振りがそう感じさせます。もしこれが評価的な見方をしていれば、「もっと葛藤させるべき」という記述になるでしょう。主体性をもって授業を参観している様子が伝わってきました。

また、写真をどう使うかについても考えをめぐらせています。矢印や点線でつなぎ、授業に一本芯を通そうと試行錯誤しています。「あの使い方は効果的ではない」のような自分と切り離した見方をしていないことがわかります。

こうやって「書き殴って」いく中で、この先生の授業観がはっきりしてきます。「自分の言葉で語られる」というメモが、授業で何を大切にすべきかを象徴していると感じました。

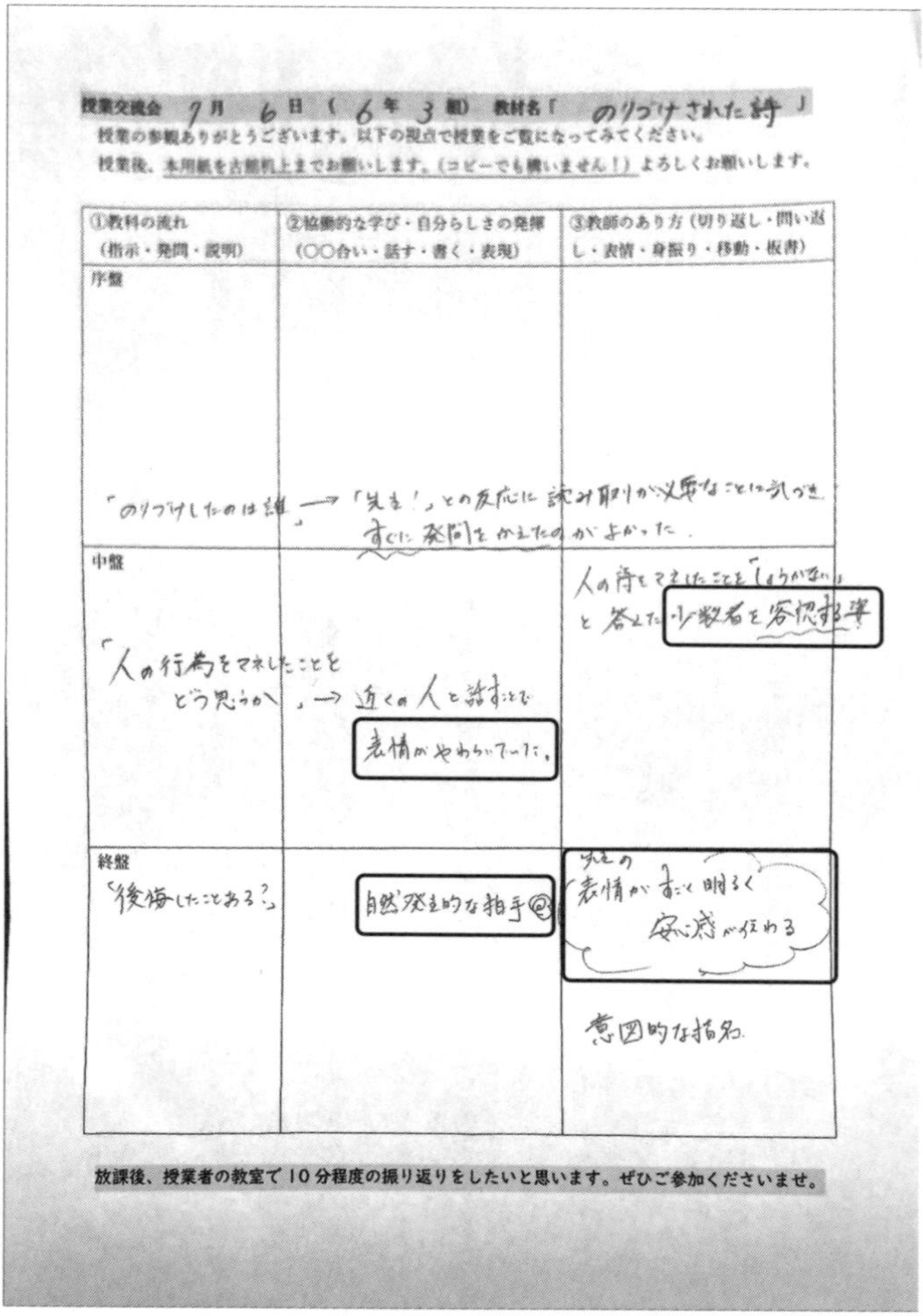

授業交流会　7月　6日（6年　3組）　教材名「のりづけされた詩」

授業の参観ありがとうございます。以下の視点で授業をご覧になってみてください。

授業後、本用紙を古舘机上までお願いします。（コピーでも構いません！）よろしくお願いします。

	①教科の流れ（指示・発問・説明）	②協働的な学び・自分らしさの発揮（○○合い・話す・書く・表現）	③教師のあり方（切り返し・問い返し・表情・身振り・移動・板書）
序盤	「のりづけしたのは誰」	→「先生！」との反応に読み取りが必要なことに気づき、すぐに発問をかえたのがよかった。	
中盤	「人の行為をマネしたことをどう思うか」	→近くの人と話すことで表情がやわらいでいった。	人の詩をマネしたことを「しょうがない」と答えた少数者を容認する[illegible]
終盤	「後悔したことある？」	自然発生的な拍手◎	先生の表情がすごく明るく安心感が伝わる 意図的な指名。

放課後、授業者の教室で10分程度の振り返りをしたいと思います。ぜひご参加くださいませ。

実物③　令和５年度に使用した参観シート

実物③から考えたこと

これは、実物②と同じ形式です。7月に行った授業交流会のものです。見てわかるように、他2枚のシートに比べて空白が多く、メモの量だけで見れば少ないかもしれません。

しかし、私はこの参観シートに大きな価値を感じました。この先生が見ている部分がとても温かいからです。「表情がやわらいでいた」「自然発生的な拍手」と、子どもたちの空気感を記録していました。

教師のあり方（右の列）には、「少数派を容認する姿」「先生の表情がすごく明るく、安心感が伝わる」のように、授業者がどのような態度で授業に臨んでいたか、大きな存在感を示していたかがわかりました。

実は、私はこの授業を参観することができませんでした。でも、板書の写真を見て何となく授業の流れはわかりました。そして、この一枚のおかげで随分と授業の雰囲気を感じることができました。子どもたちの笑い声があったのかな。授業者の先生が子どもたちの意見を余すことなく拾っていたのだろう……と察しました。

参観者の心が動いた瞬間がピンポイントで記録されていたからこそ、授業を実際に見ていない私にもリアルに伝わったのだと思います。

放課後に15分間の座談会を設ける

放課後の座談会こそ、研究主任の腕の見せ所だと思っています。ある意味、校内授業研究会の事後研練習にもなる時間です。

こうした座談会を即興的にファシリテートし、数を重ねる中で、本番の授業研で60分の事後研をコントロールできるようになっていきます。研究主任としても、練習が必要なのです。

この座談会のポイントは４つあります。

①15分という短い時間で位置付けることで、先生方の負担感を減らす
②少人数で行うことで、全員参加の振り返りができる
③研究主任が、職員一人一人とつながるきっかけができる
④場合によって延長戦がある

まず、15分の位置付けは手軽で持続可能です。パッと集まってサクッと終えることができます。負担感はほとんどないと言ってよいでしょう。

授業者の先生を労い、授業者から2分程度で振り返ってもらう。座談会参加者は、多くても6人程度なので、1人1分話せばそれで8分です。6人の先生方の話を受けて次の人につなぐ数秒を入れると、それだけで10分になります。あとは、話題を広げれば、15分などあっという間です。

先生方が「もう少し話したい」とスイッチが入ったあたりでやめておくのがポイントです。そうすれば、次の座談会にも参加してくれるようになります。

次に、少人数で行うことで全員参加を促すということです。先ほども述べましたが、多くて6人程度の参加者になります。学年の先生3～4名と、担任外の先生が1名、他学年の先生が1名、古舘くらいです。

大規模な授業研で発言を求められると大変緊張しますが、少人数で1分以内と言われれば、だいぶハードルは下がります。感想程度で構わないのです。短い時間で話を回すのでテンポもよく、雰囲気がダラッとしません。もちろん、15分限定という時間設定も、集中力を保つ要因になっているとは思います。

さらに、研究主任が一人一人の先生方とつながることができます。これは、あえて先生方には公言していないことです（もちろん、公言しても構わないことです）。

本校の職員は、肩書を問わなければ50人以上在籍しています。話をせずに出勤〜退勤する先生はザラにいて、意識していても話すタイミングがない先生もいます。

そんな先生方と、いわば必然的に話をする機会として授業交流会の事後座談会を位置付けているのです。

その場に参加している先生方には一人一言ずつ感想をいただくわけなので、その感想に対して私から数秒のコメントを添え、次の人に話を振ることになります。その数秒が、先生方とつながったり、価値を見出したり、学びにつなげたりする時間なのです。

もし、感想の言葉が研究とずれていると感じたときは、場合によっては修正をかけるようなコメントでお返事するときもあります。もちろん、お互いが不快にならないような表現やユーモアを交えます。

最後に、場合によって延長戦があるということです。

せっかく時間を割いて集まったのです。普段、学年会も十分に取れていない場合もあります。**そんな先生方に「ついで」の時間を生み出すためにも座談会を設けています。**

15分と位置付けている座談会ですが、15分で全員がスッキリ教室を後にしたことはありません。先生方が話したくなっているからです。

そんな中で私だけは教室を後にします。すると、そこから数分間、授業について話をしたり、プチ学年会をしたりする様子が見られました。たった数分の時間が、先生方の同僚性を高めるためのちょっとした機会にもなっていると考えています。

そして、座談会で何より大切にしていることは、感想交流会にしないことです。先生方の言葉を一つ残らず拾い上げ、研究目標や学校教育目標に紐づけて返すことを意識しています。「それって、目指す教職員像そのものですよね！」「それって、児童の育成課題に入っていますもんね！」「研究の目標そのものじゃないですか！」と、先生方が感じていることはすべて研究活動につながっているんだという事実を強く意識づけていきます。きっと、授業交流会のような取り組みをしている学校は多いと思いますが、「感想交流会」になっているケースはあるのではないかと考えています。

先生方が自分の内側と対話し、外側の何かとつながるような気づきや発見があれば、充実感や満足感もしっかり得られると思います。

たかが15分、されど15分です。

速報と研究通信で全職員を巻き込む

授業を参観させていただいたあとは、放課後の座談会用に速報を出しています。せっかく15分集まるのだから、何かハブになるようなものがあればと考えているからです。時間を割いてくださった先生方にもちょっとしたプレゼントを贈りたいと考えています。

速報の内容は、授業を参観して感じたこと、大切にしたいことを一般化する形でまとめています。子どもたちを下校させ、10分程度で作成し、座談会で配るようにしています。

なお、研究通信は翌日発行します。速報の内容を具体的に文章化し、先生方の机上に配付します。座談会に参加した先生は、一度聞いた内容を再度文面で目にするので、理解が深まると思います。ご紹介させていただきます。

〈速報〉

20230712　授業交流会２の３　速報　　　　古舘良純

①子ども主体の授業パッケージ
②列指名・班指名・自由対話・常時ペア
③黒板の解放と着席＝学習規律の定着

速報は、その日の授業の写真を数枚と、座談会で話題にしたい視点をキーワードで示す程度にします。

研究通信 「こころざし」

2023.7.13第16号
文責：古舘良純

授業交流会2の3レポート　7/12（水）2校時

子どもに任せていく「パッケージ感」のある授業構成に未来を感じました。

随所に取り入れていくペア対話。トータルで5回以上の活動が取り入れられていました。

昨年度、1年生で見せていただいた授業の中で、3種類のペア対話がありました。

A…隣同士で　B…前後で　C…斜めで

そんなことも取り入れると、もっと活動量は増えると感じました。（期待！）

授業を進めて5分程度に一回、発表の機会も設けられていました。

まず、**「列指名」**です。意図的指名とは違う、全員参加を目指した指名形式だと感じます。順に答えていく子どもたちをみて、「精神的に耐える」という心の強さを感じました。（2年生すごい！）

また5分ほど進むと、今度は**「班指名」**が行われました。班の全員が起立し、これまた全員が次々に発表していました。「配慮を要する」であろう子も一緒に立ち、参加していました。（人的環境！）

さらに5分ほど進めると、今度は**「自由起立対話」**が行われました。隣でも、前後でも、斜めでもない、「色々な人と関わらせたい」という担任の思いがにじみ出ていたように感じます。（見事！）

時間配分だけをカウントすると、**子どもたちの時間が圧倒的に多い**ように感じました。こういう授業デザインを「年間を通して」行っていけば、子どもたちは必ず**隣でも、班でも、**

速報をもとに、先生方にシェアしたい内容を明記して翌日発行を目指していきます。

速報と通信を出すことによって、授業参観→座談会→通信と3段階で学びを深める先生もいます。授業は見られなかったけれど、座談会→通信で臨場感を味わうことのできる先生もいます。通信だけで、授業の様子を把握する先生もいます。そして、多くの先生が、お互いに労いの言葉をかけ合うこともできます。

大変難しいことですが、職員誰一人置き去りにしたくないと思い、あの手この手を使いながら、いろいろな手を打つようにしています。

授業座談会自体の数が多ければ、その分参加チャンスも増えます。これもまた一発勝負をやめたいという願いと同じ考え方です。「いけなくて申し訳ない」という思い自体が生まれないようなシステムを構築したいのです。

授業交流会という取り組みには、多くの可能性が詰まっています。

もちろん、漕ぎ出しに大きな覚悟は必要ですが、やはりどう考えてもメリットしかありません。そして、流れができてしまえば、先生方はそれを当たり前のようにやってのけます。本当に先生方の力は青天井だなと感じています。

ぜひ、先生方の学校でも導入してみませんか。

Column

ある学年団の「延長戦」の様子です。

校内研や自主研、指導案検討などは、予定時間内で終わりにしています。

中身、内容が中途半端であっても、一度時間で区切っています。ダラダラと延ばすことはしません。

すると、「もう少し話したい」という先生方が集まって自然に教育談義に花が咲きます。

「時間で切る」という決断もよいものだなと感じた瞬間でした。

4章

「自主研修会」の
マインドセット

Mindset

自主研修会という選択肢

これまで、学校教育目標の達成に向けて取り組むとか、研究目標を意識するとか、手段を履き違えないなど、大きなことをたくさん書いてきましたが、**実は私が個人的に感じているる校内研の成果は、定時退勤が可能になっていくということです。**

もし、定時退勤が難しかったとしても、少なからず多忙解消につながっているのではないかと感じています。

働き方に芯ができると、これまで積み上がっていた分掌仕事や学級経営にすっと背骨が入ったようになります。いい姿勢が内臓の位置を調整し、代謝をあげ、身体を整えていくように、研修が私たちの働き方を整えていくことにつながると考えるのです。

そこで私は、「家トレ」的な位置付けで「自主研」を開いてみたらいいのではないかと考えています。なお、「校内研」として位置付けた研修会や授業研は、「ジム」に通うような研修と考えています。

私は、全体研修会のような「ジム的校内研」は減らしていきたいと考えています。必要最低限にしていくべきだということです。年間行事予定の中で、職員会議や各種研修など、多方面との兼ね合いでほとんど校内研の時間が取れないことも理由の一つです。

しかし、全体では集まれなくとも、学年団程度の人数、時間に都合をつけられる人、必要に応じて参加したい方など、スタイルやテーマをうまく設定して「家トレ的自主研」を供給すれば、随時参加しやすい状況が手軽につくれると考えています。

また、研究主任が開催せずとも、自発的に集まって行うスタイルや、授業交流会後の座談会から流れた対話もまた、自主的な研修会と言えるのではないでしょうか。

どうしても「自主研修会」というと、「自主」なはずなのに「公的な匂い」がしてしまいます。事実、初めて開催した自主研修会では、変に空気を読んで無理に集まった方々も多いように感じました。

何回か開催するにつれ、その雰囲気が伝わるようになると、自主研がより盛り上がるようになってきました。本当に出たい方が参加し、無理に出る方はいないので、短時間であっても自主研の熱量がかなり高くなったからです。

現在、学校現場は大変厳しい状況に置かれています。ビルド&ビルドで増える一方の業務量。子どものためという正義の刃。減らしたい残業時間と減らせない教材研究。そして、多様な子ども、家庭、地域の間に入ってなんでも解決しなければならない学校現場は、複雑化の一途を辿っています。

そんな学校内部も混沌としています。団塊の世代が大量退職かと思えば、定年退職の延長。ベテランと若手の世代交代がうまくいかず、知識や技術の継承をうまく行っていくにも限界があります。「技術は盗め」と言われた時代はどこへやら。そして、何もしなければ「教えてくれない」と嘆く若手もいそうです。教えれば教えたで、「合わない」と言ってすぐに投げ出したり、一歩間違うと「パワハラ」と捉えられたりしかねません。

そもそも、働き方改革を「時間短縮」と捉えている時点で無理が生じています。時間短縮をすれば、自ずと盗むことなどできません。放課後に授業を語り合う時間などありません。職員室を見渡してみると、みんなパソコンと睨めっこ。楽しそうに話そうものなら、自分たちだけが盛り上がって邪魔になっているなんてこともあります。

そんな状況で「校内研」だけをむやみに増やすことはできません。余白のない先生方の時間を奪ってまで行う研修など、さらに余裕を削ってしまうことになりかねないのです。

平日の放課後は本当に予定が詰まっています。思うように自分の時間をつくれないこともあります。

何より、先生方に選択の余地がないのです。しかも、選択の余地がないことにすら気づかずに毎日レールに乗って働いているかもしれません。課題意識すらもてずにいます。

しかし、自主研は違います。出席を決めるのは先生方です。会議や校内研とは違い、先生方に参加・不参加の選択の余地があります。

自己決定は、幸福度を高めます。それだけで、先生方の働き方に潤いが生まれます。

そして、自主研は必ず教師のマインドを太くします。授業改善に向かいます。自ずと、週30コマの授業にハリが出ます。子どもたちの満足度も高まるでしょう。

教師が自分自身の授業や学級経営に矢印を向け、子どもや家庭に責任を押し付けないことで、絶えず自分自身を向上させることもできます。

結果、安定した学級経営や充実した授業が成立し、子どもたちが教室に無理なく根付くことで、教師の生徒指導や評価の負担が随分と軽減するでしょう。

もちろん、放課後の保護者連絡や、日を跨ぐような案件に出会うことも減ります。

自主研という選択肢が、大きく働き方を変える一歩かもしれないと考えています。

感情をコントロールする学び

参加を自己選択した先生方と少人数で研修することほど、チューニング機能が高まる時間はないと思っています。出席がほぼ義務付けられている全体研に比べ、その熱量が確実に高いからです。

言い方を変えると、何を言っても受け取ろうとし、何を投げかけても確実に噛み砕こうとします。研究主任として何か大きなコンテンツを用意せずとも、場所と時間とちょっとしたテーマがあれば、それだけで自主研は成立してしまうでしょう。

そのくらい、先生方には学びをキャッチする力があるのだと考えています。

その力が発揮できないのは、余裕のない場の設定だったり、必要とするテーマ（主題など）が共通理解されにくいためだったりすると考えています。

自主研は、そうした課題を簡単にクリアし、先生方の力を大いに引き出します。

校内研では、研究目標や主題に合わせて進めることが大切です。少ない回数ですから、目的に向かって一直線に進むことが当たり前でしょう。

しかし、自主研では様々な方面で研修企画を立てることが可能です。例えば、

①先生方の実践発表（教室で行っていることをそれぞれ発表）
②先生方の得意分野を活かしたミニ講座
③ＩＣＴ活用やタブレット実践のシェア（実技講座も可）
④明日の授業づくりや発問づくりを行う（道徳などで可能）
⑤研究主任からの理論研修（校内研ではつくらないがっつりスライドも提供）

などが可能です。多様な研修ができるだけではなく、選択肢も広がります。

こうした自主研の中で、先生方は新しい知識を獲得したり、技術を掴み取ったりします。少人数で対話しながら進めることによって同僚性も高められ、普段から気軽に話すきっかけにもなるでしょう。

何より、インプットとアウトプットの連続が先生方自身の教育観を整えていくはずです。

自分の教育観や授業観などが整い、磨かれていくと、自ずと心が落ち着きます。「何のために何をするか」が明確になり、自分自身を見つめ直したり、実践を俯瞰したりできるようになります。

何より、「自分は学びに身を置いている」という自負が芽生え、自尊感情もコントロールしやすくなります。

教員は、「感情労働」の側面が強い仕事です。労働には3種類あると言われ、体を使った仕事を「肉体労働」、デスクワークなどの仕事を「頭脳労働」と言います。**そして、教師の仕事は「感情労働」と言われています。**

毎日、教室では30人の子どもたちと一日中過ごします。学年団、職員室の先生方とも会議や打ち合わせがあります。

保護者よりも長時間子どもたちと一緒の時間を過ごし、自分の家族よりも同学年の先生方と話す。そんな環境ですから、感情が揺れまくって仕方がないはずです。

アドラー心理学では、人の悩みの9割が人間関係だと言います。教師は、職員や保護者や子どもたちという対人関係の中で仕事をしているのです。感情労働の側面が強いと言われる理由も納得できます。

そう考えると、教員という仕事はある意味「感情」さえコントロールできれば、かなり働きやすくなると言えます。

しかし、感情を落ち着かせたり、立ち止まって整理したりする時間が取れない実情が学校現場にはあります。場合によっては、「退勤時の車中が一番落ち着く」なんてこともあるのではないでしょうか。

しかし、現場を離れたり、静かな場所で落ち着けたりすれば感情がコントロールできるわけではありません。なぜなら、学校に戻れば同じ現実が待っているからです。

結局、仕事に対する感情のコントロールは、仕事について考えることでのみ整えることができるのです。

だから、放課後のちょっとした時間に位置付けられた自主研修会を使って仕事に対する感情を整理してみてはどうかと考えています。

公的に義務付けられた校内研ではなく、自己決定をして選んだ時間。リラックスしながら授業や学級経営のことをゆっくり振り返る時間。先生方同士で対話し、言葉にしながら目的思考を働かせる時間。

そんな時間がきっと、日々の仕事に対する感情のコントロール力を高めるのでしょう。

研究部の輪を広げる

自主的な研修をすれば、働き方に潤いが出たり、仕事にハリが生まれたりします。教師が自主的に学びの場へ足を運ぶことは、自己決定、自己選択の視点から考えても大変重要なことです。

もちろん、学びの場が校内に限定される必要はなく、校外やオンラインで学ぶことも十分考えられます。

現在は、ＳＮＳを開けばたくさんのオンライン学習会が開催されたり、オープンチャットを使ったオンラインサークルもあります。そうした学びの場で自己を磨いていくこともまた、働き方を変える一助となります。地元のサークルなども同様です。

しかし、感情のコントロールの話の際にも書いたように、**外でどれだけ落ち着けたとしても、現場の状況はそう大きく変わっていません。**

校内の自主研同様、外で学んだことが現場に活かされ、自分の教室や職員室にいい影響をもたらしてこそ、自主的な研修が実を結ぶのでしょう。

さらに、私は「学びの輪を広げる」という視点ももって自主研修会を開くようにしています。

下の写真は、ある年の自主研修会の様子です。実践発表の時間を取り、20名ほどの先生方が集まりました。

正直、こんなに多くの人が集まるとは思っていませんでした。そして、「自分で選ぶだけ」でこんなに目の色が変わるんだと感じたことを鮮明に覚えています。

こうして、数名の方が定期的に実践発表を行うだけで、職員室の様子は随分と変化を見せます。

先生方の自己開示が進み、同僚性も高まりやすくなります。学級の様子が伝わるので、先生方も「あの子」の見方が変わったり、指導自体がやわらかくなったりもします。

熱量の高い時間だからこそ、先生方を巻き込みやすくなり、その輪が広がりやすくなります。

研究主任としては、先生方が大切にしていることは何かをキャッチする機会にもなりますし、交流の様子から先生方の困り感に寄り添うこともできます。研究主題に迫るような校内研では至らなかった話題に、自主研修会でなら手を伸ばすことが可能になります。

そうした共感的な人間関係が、結果として職員室に「学びに向かう空気」を生み出すことにつながるのです。

校内研という場では、一度に多くの先生方を巻き込み、引き込んでいくことは難しいと思います。もちろん、1年かけて徐々に一体感を高めていくことは可能ですが、自主研を導入することでその流れを加速させることができます。

校内研では、「研究部」に所属した職員が協力してくれます。学年1人いれば6人にはなるでしょう。そこに、**自主研で実践発表をお願いしながら、プラス1、またプラス1と、校内研に関わる先生を増やすのです。**

研究主任一馬力で輪を広げるのではなく、つながった先生から派生的に輪を広げることも視野に入れて自主研を開催してみてはいかがでしょうか。

最後に、若手の先生を巻き込み、それによって若年層研修の機会を充実させるチャンスにもなるでしょう。

大きな校内研では難しくとも、自主研修会レベルで実践発表を積み重ねることで、OJT推進の取り組みにもなります。

本校の若手は、もれなく写真のような実践発表の場を経験してもらいます（もちろん、丸投げではない）。

実践発表の時間が、ベテランの先生や学年主任も巻き込みながら若手を育てる輪を太くしているのです。

これもまた、若手の先生にとって研修に対する満足感を高め、ベテランの先生方にとっては、若手の先生方から学び、そして育てようという親心にも似た感情を引き出すことができます。

こうして、職員室の中に小さく、でも確実に研修の輪を広げることができます。

15分＋15分の時間設定

自主研修会は、30分以上の設定にはしないようにしています。会議のない木曜の午後、下校の早い月曜日、月末の金曜日など、放課後に少し余裕のある日を選んで設定します。

また、自主研では、先生方のインプットとアウトプットのバランスを大切にしたいと考えています。参加することを自己決定している先生方ですから、きっとたくさん話せます。話せないわけがありません。

さらに、目的意識や自分の教育観を磨き、感情をコントロールするという意味では素直に話を聞いたり、考えたりできるはずです。きっと、若手やベテランに関係なく学び合う心構えができていると思います。

その30分に、一方的な講義のみを盛り込むことは、もったいないと考えます。

そこで、聞く時間（インプット）が15分、話す時間（アウトプット）が15分になるようなイメージで会を設定するようにします。考える時間や書く時間なども随所に挟み、それぞれの時間がトータルで15分になるようなイメージです。

いくつか事例を挙げてみます。

実践発表のケース

①開会→趣旨説明 1〜2分
②実践発表 10分
③質疑・協議 15分
④閉会→研究主任の話 3〜4分

実践発表のケースは、時間配分を設定しやすいので大変導入しやすくなります。

例えば、道徳の授業実践について、ＩＣＴの活用について、気になるあの子の成長についてなどをスライド5枚程度にまとめて発表してもらいます。

もし自主研修会を開催したいと思ったら、まずはこのスタイルをおすすめします。

授業動画視聴のケース

①開会→趣旨説明　1～2分

②授業動画視聴　25分

　随時質疑・協議

③閉会→研究主任の話　3～4分

　これは、自主研修会などでゆっくり時間が取れるときにしかできない方法の一つです。ストップモーション方式と言われる学びのスタイルで、授業動画で気になった部分で一時停止し、参加者で協議していく方法となります。

　今では、手軽に授業動画を撮影し、簡単にデータを映して視聴可能ですから、教室を自習にできず授業を見にいけなかった場合でも、実際の授業を見た気分になれます。

　動画を見るインプット、止めて話すというアウトプットの繰り返しが可能になります。

ただし、その25分間をファシリテートする研究主任の力量が問われることになるため、導入へのハードルが高くなります。

動画を見る時間が長くなりすぎたり、話しすぎて動画が進まなかったりしないよう、バランスをとりながら時間を使います。

研究主任による理論研修のケース

①開会→趣旨説明　1～2分
②スライドを使ったミニ講座　25分
随時質疑・協議
③感想交流→閉会　3～4分

最後に、研究主任のミニ講座を紹介します。これは、研究主題に絡めたり、指導要領について噛み砕いたり、各教科の指導法について紹介したりします。先生方の一番関心の高い時間になりますが、随時先生方に話を振って考えてもらうことも必要です。

1枚のレジュメを用意し、それをハブとして先生方をつなぐようにしていきます。

先生方のリアルに寄り添う

研究主任という立場になると、厳しい選択に迫られることがあります。「困っているんだろうな」「しんどい状況だろうな」「毎日大変だろうな」と思うことがあったときにどうアプローチしたらいいか悩んでしまいます。

もちろん、「こうしたらいいんじゃないか」というアイデアはあります。「これが効果的でした」という実体験を伝えることもできます。でも、その多くは自分本位になりがちです。

印刷室でお会いしたときには、「大丈夫ですか?」「元気ですか?」「疲れましたね!笑」などと談笑する程度しか話せず、本質的に教育観をチューニングしたり、磨いたりすることはできません。

個人的に話を聞く時間を取ることも難しく、あっという間に定時はやってきます。

放課後遅くまで残って話に付き合うべきか、そこは学年で何とかカバーしてもらうべきか、管理職を交えて考えるべきか、もっと支援委員会のような会議を設定すべきか……。いろいろ考えてしまいます。

特に、学級経営や生徒指導、特別支援教育といった「学級集団づくり」に特化した研究をしていると、すべての先生方の教室が気になって仕方がありません。

授業がうまくいかないのは、学級がうまくいっていない証拠。子どもたちが教室を飛び出すのは、教師と子どもの関係性がうまく築けていない証拠。休み時間のトラブル対応に追われるのは、子どもたち同士の関係性が弱い証拠です。逆もまた然りです。

研究主任の立場でどこまで口を出すべきか、どこまで先生方に関わっていくか、考えてしまいます。

そして、そんな本質的な悩みであればあるほど、印刷室の雑談程度で寄り添い切れるわけがないのです。

だから、「積極的に研修しよう！」というメッセージだけではなく、「いつも先生方の話を聞かずに申し訳ありません」「堅苦しくない、フランクな相談の場をつくります」「お話聞かせてください」のつもりで自主研修会を企画している意味もあります。

また、私自身の自己開示をしていく場としても自主研修会はとても有意義だと感じています。いつもの校内研では出せない、リアルな学級の様子を見ていただけるからです。だから、座学の場合や授業動画視聴のような自主研のときは、古舘学級を会場として研修するようにしています。

研修会のためだけに切り取られた事実ではなく、子どもたちが過ごしてきた教室の歴史も感じ取ってもらいたいのです。

私の学級は、年間を通して教室を開放しています。「いつでも誰でも何回でも見に来てください」と言っています。

ある年の春、お二人の先生が授業を見にきたことがありました。低学年で下校時刻が早いため、6校時の授業を参観できることになっていました。

教科は道徳。ある程度教材や授業構想はできていましたが、生徒指導のトラブルがあったため、急遽教材を変更して授業に臨みました。道徳とは言いつつ、半ば説教のような時間でした。

お二人の先生は、教室後方で授業を参観されていました。強めの口調、重たい空気だったので、せっかく見に来ていただいたのに申し訳ないことをしたと思っていました。

しかし、参観したベテランの先生は「腑に落ちた」と言ってくださったのです。それまで、「ほめて伸ばそう」「認めて受け入れよう」「良さを引き出そう」のようなスローガンを掲げてきた私が、実は教室では「泥臭い生徒指導のような道徳」をしていたからでした。

その先生は続けて、「そうだよね。古舘先生にだってこういう時間があるんだよね。だからほめるんだ。そしてさ、こういう突発的な変更があったときに、パッと違う教材でできるのがすごいよね。どこから仕入れてるの？」と質問してくださいました。

ベテランの先生の、素直で正直な気持ちだったのだと思います。とてもうれしい気持ちでした。

私は、もしかしたら、「困ってはいないけれど、もっと自分を高めたい」と思っている先生がいるのではないかと感じました。しんどい教室、大変な学級へ寄り添うことはもちろんですが、実は「もっと化ける可能性がある先生」こそ、寄り添って伸ばしていく必要があるのではないかとも思います。

そこに研究主任としての先生方のマネジメント力が試されるのです。

学びの規模を広げる

校内研を校内研のみで完結させようと思うと、研究主任としてのリソースが足りなくなります。だからこそ、研究主任もまた自主的に研鑽を積む必要があります。

私自身、学校外のサークルに所属し、学習会を企画運営したり、オンラインの研修会に参加したり登壇したりしています。日々学びの機会に恵まれていると思うと感謝しかありません。

ＳＮＳでつながった先生方と交流したり、全国の同じ学年の先生方に実践を教えていただいたりと、ここ数年でネットワークが広がっている感覚があります。

こうして、研修の機会を自分で掴み取りながら学び続けることで、校内研に還元できる学びを蓄積しているのです。

もちろん、勤務時間内で完結する校内研や自主研修会で十分研修機能をカバーすることは可能ですが、先生方が学びに関心をもち、自分が変わっていく様を実感し、授業や実践に価値を感じるようになると、自ずと外の学びをキャッチしようとするはずです。

それは、「教師として」というよりは、「人として」当たり前の感覚ではないでしょうか。単純に、学ぶことの楽しさを感じているのでしょう。

だから私は、先生方が校内研でチューニングでき、自己決定で自主研修会に参加し、学びに対してある程度自走し始めたら、学びの規模を広げてあげることも大切ではないかと考えています。

言葉を選ばずに言えば、「身銭を切る学び」も紹介しているということです。本を買うこともそうですが、自分で投資して学びに向かう先生方は「覚悟が決まっているな」と思うことがあります。

だから私は、先生方を外の学びにつなぐことも考えて校内研や自主研を位置付けるようにしているのです。

自主研や外の学びを推奨すること自体、もしかしたら働き方改革とは真逆の方向なのかもしれませんが、実は校内研自体が少ない回数で回せるようになる背景には、一人一人の先生方が骨太の教育観を持ち合わせていることが前提になっているのです。

しかし、何でもかんでもサークルに参加しましょう、学習会に来てくださいとは言えません。身銭を切っていただくのであればなおさらです。

放課後や土日返上で時間を割いてくださるのであれば、ある程度学習会の価値を担保した形で参加を促します。

私自身は、教育実践研究家である菊池省三先生のもとで学ばせていただいています。もちろん、日常的なサークル活動もあり、私にとって一番身近な外の学びです。

そうした勉強会の場で写真のようにセミナーを行うこともありますが、その際は県の教育委員会に後援申請を申し出てバックアップをいただきます。また、勤務している自治体の後援もいただくようにしています。

県内各地、そして勤めている自治体の先生方も巻き込んだ形で規模を拡大したいのです。

地域に根差した形で学ぶことが前提になっています。

菊池省三先生から、「ネットワーク・チームワーク・フットワーク」を大切にしなさいと教わったことがあります。

研究主任として、学校内のネットワークをどう構築するか、学校外のネットワークをどう広げるか、日々考えています。

そして、そのネットワークにどう「チーム」の要素を生み出し、研修会や勉強会を広げていくか考えています。校内における研究部活動であり、職員の同僚性に関する視点だと思います。外部のサークルにおいてもそうでしょう。

さらに、教室を開放しあってフットワーク軽く学び合いたいと思うし、県内各地の先生ともつながり、学び合いたいと考えています。そのため、「後援」をいただけると、堂々と告知し、胸をはってお誘いすることもできます。

こうした学びの規模拡大は誰もができることではありません。しかし、年間計画に位置付けられた校内研をより充実させていくにはどうしたらよいか。よりシンプルな形で校内研を進めていくにはどうしたらよいかを考えたとき、学びの規模感はかなり重要だと考えています。

研究主任が消える

本校の校内研は、１ヶ月に一度程度です。この原稿を書いている9月の段階で6回目を終えるペースになります。

現在の勤務校で研究主任４年目になりますが、もう私がいなくても先生方は自走するんじゃないかと思うことがあります（偉そうにすみません）。

というのも、テーマに沿って話し始めたら話が尽きない状況が生まれつつあるのです。私がしていることといえば、校内研序盤で趣旨説明をし、テーマ設定し、グループワークを促すことだけです。いなくてもよいというよりは、もう私自身が消えている気がしています（汗）。

ときに、「はい、ありがとうございます」と終了を告げても話し続ける先生方を見て、「終わりでーす！」と叫ぶときもあるくらいです。それはそれでうれしいのですが……。

こうした先生方の白熱する様子には、管理職の先生からも感謝の言葉をいただくことがあります。学校教育目標や育成課題を意識している研究活動ですから、大変うれしい気持ちです。

例えば、身銭を切って学びに出向いてくれた先生は、自分の教育観を話したり、自分の考えを主張したりすることを厭わなくなってきます。

また、自主研修会の実践発表を通過儀礼として体験した先生は、教室の様子をありありと語るようになります。

校内研で自分自身を磨いたりチューニングしたりする先生は、そうした主張や語りを通して自分自身の内側に実践を落とし込もうとします。

それが、写真のような校内研という場で一気に噛み合い、結果、研究主任が消えるのです。

本当は、「校内研のみ」でそうしたサイクルを回せたらよいのですが、そのためには数年の歳月がかかるような気がしてい

ます。

しかし、この職員集団、この学年メンバーでできるのは1年限定だと思うと、どこか急ぎたい自分もいます。

そのバランスをとってくれるのが自主研修会という営みなのだと考えています。

一見、ビルド&ビルド（校内研&自主研）のように見えるかもしれませんが、総合的に見ても研修時間自体を減らすことができ、校内研に60分以上の設定はありません。それどころか、令和5年度の9月現在は45分設定で行っています。

自主研修会も月に1回以下、30分限定ですので、圧倒的に負担感は少ないと思います。放課後の時間を食い潰すような研修はしていないつもりです。

それでも白熱する校内研が成立するのは、やはり自主研の要素が学校に浸透してきているからではないでしょうか。

30分という時間、ちょっとした隙間時間、座談会後の延長戦などもそうです。

こうして、先生方の「学びをキャッチする力」を高めていればこそ、コスパよく、タイパよく校内研を運営することができるのです。

もちろん、校内には校内研の進め方に不満がある先生もいると思います。両手を挙げて賛成する先生方ばかりではないでしょう。もっとよい方法があって、もっと力のつく手段があって、やり方は千差万別、十人十色です。それは、校内の先生方に話を聞かなければわかりません。研究活動に対する反省用紙には、忌憚のないご意見をいただいたこともありました。

しかし、やはり研究主任が消えない校内研は先生方が「ゲスト化」してしまっていると考えています。どこか他人事になってしまいがちです。

もっと、先生方が研究活動を自分ごととして捉え、オーナーシップを発揮していくような研究活動のあり方を考えていきたいと思っています。

その一助として、自主研が先生方の主体性をよみがえらせていくと、私は今信じているのです。

Column

「自主研修」として、古舘学級を訪れる先生方もいます。

コロナ禍であっても、毎年岩手まで足を運んでくださる方がいました。

令和５年度は、11月段階で８名の方が来校し、学ばれていきました。

もちろん、私自身もたくさんの気づきと発見をいただきましたし、子どもたちにとっても充実した時間になっています。

子どもたちにインタビューされるのは、正直ヒヤヒヤします（汗）。

5 章

「研究主題」のマインドセット

Mindset

研究主題のない学校を想像する

ここまで、当たり前のように校内研やら授業研やら考えてきましたが、そもそも校内研や授業研は必要でしょうか。

授業研なら「なくてもいい！」という答えが即返ってきそうな気がしますが、校内研となると、そう簡単に「なくてもいい！」とは言えないのではないかと思います。

しかし、私は研究主任が消えてしまうような場ができたとき、「このような同僚性や組織、学ぶ風土や雰囲気があれば、研究主題や研究活動は必要ないかもしれない」と感じてしまいました。

みなさんはどうでしょうか。研究主題や研究活動は、本当に必要だと思いますか？

もし、来年度の分掌から「研究部」がなくなり、「校内研」がなくなり、「授業研」をしなくなったら、学校現場に何か不都合が生まれたり、職員室が空中分解するようなことになったりすると考えますか。

私は、そうは思いません。もう少し正確に言えば、「(本校の)現状まで職員の意識や雰囲気が高まっていれば、なくなっても何ら問題ない」と思います。

むしろ、校内研に費やす時間がもったいない。学びに対する自由度が失われ、指導案やレポート、まとめを仕上げる時間も奪われる気がします。

もう一度言いますが、なくなっていいのは、「今の状態であれば」の話です。

これは、「宿題」と似たような感覚で考えられると思います。

自分で課題を設定することができない。課題に対して問題を位置付けたり、取り組んだりすることができない。取り組んだことをまとめ、振り返ることができない。自分で時間を見つけて学ぶことができない。担任の先生に「宿題出して」と言われないと出せないし、やらない。

さらにタチが悪いのは、何となく宿題っぽくやっているけど学んでいない子。作業化した宿題のみ提出してくる子です。「提出」が目的になっている場合です。

こうした子には、現状把握や物事の捉え方、自己認知や課題意識、学び方やまとめ方を、一度通過儀礼として教えてあげる必要があります。伴走するといってもいいでしょう。

そうやって、自分自身で学び、自分で自分を高めていくサイクルが生まれてやっと、宿題を卒業、廃止していくような状態が成立します。

校内研も同じではないでしょうか。

先生方が自走し始めたら、もはや校内研が校務分掌に位置づいている意味がなくなってくるように感じています。

意味がないというのは言い過ぎかもしれませんが、逆に、先生方の足を引っ張る存在になりかねないと思っています。

自分で宿題ができる状態にあるのに、「プリント2枚」のような宿題をやらされたり、「ワークシート」を使って同じ手順で授業を進めたりしなければならない状態は、非常に窮屈です。

だから、研究主任は自走可能な職員を見極めながら自主研修会などでその立ち位置を引き上げたり、研究部通信を書かせたりしながら、他の職員より少し負荷をかけた宿題を課すようにしますし、自分の中に課題意識が生まれている職員にその自覚を促し、実践発表や授業交流会でその実践態度を示すようにしていきます。「学びは自分の中にある」と、理解するきっかけをつくるのです。

そんな先生方をモデルにして、学年団という組織や職員室の同僚性を育んでいく価値を研究活動に植え付けるようにしています。

もう、知識や技術を教えるための指導技術や方法の検証をしているような研究主題は価値が低くなっているような気がします。

じゃあそういう技術や方法を学びきったのかと言われたらぐうの音も出ませんが、それは研究領域で明らかにせずとも、書籍や論文、先生方の経験や校内のアイデアで十分カバーできることです。

皮肉なことですが、学習指導要領があれだけ分厚くなったこと、あれだけ細かく記載されているのは、私たちの授業をカバーしようとした思いの現れではないでしょうか。

校内研は、あくまで学校の教育目標や、育成課題を達成していくための分掌として位置付けられ、組織されています。

それならば、下手に研究主題など設定せずに学校教育目標に直結した課題設定をしてもよいのではないでしょうか。不可能かもしれませんが、私はいつも研究主題がない1年を過ごしてみたいと考えています。そのとき初めて、研究活動の尊さや研究主題を設定する意味がわかるような気がしています。

二足のわらじを成立させる

さきほどは、研究主題がなくてもいいというニュアンスでお話をしましたが、先生方にとって価値のある状態で設定する研究主題ならばあった方がいいと思っています。

例えば、多くの学校では「知・徳・体」をベースとした学校教育目標が掲げられていると思います（そもそも、知・徳・体で学校教育目標を決めていいのかという議論、学習指導要領の改訂に伴って学校教育目標自体の見直しがされたのかという議論は、ここではしません）。

豊かな心とか、健やかな体とか、いきいきと学ぶとか、そういう言葉で構成されることが多いのではないでしょうか。

そんな中、生徒指導上の問題や特別支援教育の視点、いじめや学級崩壊をどう防ぐかのような緊急を要した課題解決が学校には求められるようになりました。

道徳教育の視点から、豊かな心を育むことが求められ、学級経営という領域に関心が高くなっていることも事実です。

一つ間違えば保護者からのクレームが入る。電話対応に追われる。1人不登校が生まれると、報告書やケース会議、家庭訪問などで何時間も残業が膨れ上がります。

そんな崖っぷちのような状態で、「○○科の指導法は〜」「協働的な学びを〜」などの研究主題が本当に先生方の高い関心を呼ぶでしょうか。

意味がないとは言いません。でも、本当に時間をかけるべき研究主題と、「これまでやってきたから」という理由で設定される従来の研究、どちらを取るべきでしょうか。それによって一人の職員を潰してしまうような結果にはならないでしょうか。

言い方は悪いのですが、「教室に来るのがやっと」のような先生一人を救えない研究活動が、果たして子どもたちのためになるのでしょうか。

これは、ダブルバインドどころの話ではありません。研究活動によって職員室を崩壊させていくとも言えます。

しかし、研究部という分掌が来年度からなくなることは考えられません。急に研究主題がなくなることも現実的ではありません。

何なら、もう数年後の学校公開が決まっていて、公開のための研究をしていかなければならない状況が突きつけられている学校もあるでしょう。本校もその一つです。

でも、学校内は混沌とします。あっちもこっちも、あれもこれも達成しなければならないノルマだらけの「2足以上のわらじ」を履きこなす勢いです。これでは、すべて半端、煩雑になりかねません。

まるで、目標だらけの教室のようです（今月の児童会目標・今月の給食目標・今月の保健目標・今月の生活目標・今日のめあて・◯◯小の良い子……）。複雑すぎるのです。

そんな状態を改善するためには、学校教育目標、育成課題に直結した研究主題を設定するしかないと考えています。

研究主題をなくしもせず、かといってビルド&ビルドするわけでもない、よりスリムにする主題設定のあり方です。

そこで私は、管理職の先生がつくってくださった「経営ビジョン」に直結するような研究主題を設定することで、2足以上のわらじを履きこなそうと考えたのです。

R５若葉小学校　経営ビジョン

学校教育目標

進んで学習する子　☆**豊かな心で助け合う子**　体を鍛える子
責任をもって行動する子

めざす学校像	めざす児童像	めざす教職員像
子どもが安心して力を発揮できる楽しい学校	**何事にも意欲をもって取り組む子。**	子どもと共にある教職員
①　子どもが毎日生き生きと学ぶ学校 **②　どの子どもにも確かな居場所のある温かみのある学校** ③　保護者が安心し、地域が誇りに思う学校	**①　自他を大切にし、自分で判断・行動できる子ども** ②　自ら気持ちよく挨拶する子ども ③　心と体を鍛え、ねばり強くやり抜く子ども	①　子ども理解に努め、子どものよさを生かす教職員 **②　子どもの自己肯定感を高めようとする教職員** ③　自律的・主体的・創造的であり、協働を心掛ける教職員

Ｒ５年度の重点「育成課題」
—本校で育てたい資質・能力—

自己と他者を大切にできる子
—「自己肯定＋他者意識」を育てる—

自己の尊重（自己肯定）を育む
・子どものしたことを価値づける
・（学び・活動の）よさ、楽しさの自覚
・自己決定、自己判断の機会「自分ごと」
・小さな成功体験の積み重ね
・教師のプラスの声掛け
・他者から認められる機会

「考える・考えさせることを大切に」

他者の尊重（他者意識）を育む
・想像力（相手はどう思う？この先どうなるか？）
・「みんなでできた」の共有
・多様な考えを認め、納得解をみつける
・他者の人権の尊重を教える
・関わり合いの機会を増やす
・他者のよさをみつける（認め合い）

土台・基盤となるのは
①安心安全な学級づくり　②教職員の心理的援助　③関係性を育む授業づくり

教師の関わり（教師の姿）
・よさをみつけ、ほめて、子どもの変容を促す“語り”ができる教師
・「できる・よくなる」と期待感をもって接する教師
・関わり方のよきモデルになる教師
・教師が一方的に伝えるのではなく、子どもに考えさせ、自己決定させられる教師

教師も子どもも大事にしたいこと
◆自分から挨拶する
◆相手の話を聞く
◆時間を守る（特に業間・昼休み後）
◆自分も相手も同じように大切にする
◆物を大切に使う
◆３つの静か（歩行・掃除・集合）

上記の経営ビジョンをもとに、「協働的な学びの中で　自分らしさを発揮できる子どもの育成～道徳授業をとおした教師のあり方をみつめて～」という研究主題を設定した。

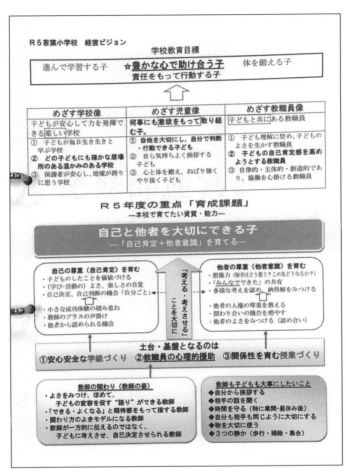

研究推進委員会はあってないようなもの

この4年間、いわゆる「研推」をまともに設定したことがありません。みなさんの学校はどうかわかりませんが、管理職を交えたフルメンバーでの会議設定がいかに難しいかを突きつけられています。

はっきり言って、優先順位が低い。**というよりは、「研推は緊急性に欠ける」と言った方が適切かもしれません。**

ケース会議や支援委員会、突発的な生徒指導や各種会議などがあり、放課後に集まることはほぼ不可能でした。

研究主任という立場が担任外で設定されていれば日中に可能なのかもしれませんが、本校は学級担任兼研究主任という校務分掌になっています。放課後は私自身も学級のために時間を使わせていただいておりました。

もし研推を行うとしたら、言葉の吟味がしたいと考えています。研究における言葉の定義づけとでも言えばいいでしょうか。「本主題における〇〇は、△△ということです」という、言葉のもつ意味の含有量を増やす時間にしていきたいのです。

研究主任一人がもっている言葉で完結させてしまうことは、研究主題の幅を狭めてしまうことになります。言葉の射程範囲が狭くなり、研究に引っかかる要素を取りこぼしてしまう可能性が生まれます。

多くの先生方の感性で主題を吟味し、その言葉がどういう意味をもつのか、その主題が教室においてどう機能し、先生方の心構えをどう変えるのかを考えるための研推がしたいと思っています。

しかし、この4年間、研推はあってないようなものでした。

校務分掌には位置付けているのですが、開催に至ったのは4年間で一度くらいです。

それでも研究主任として研究活動を進められたのは、日常的な管理職との雑談や、通信を活用した目的の共有でした。

次の写真のように、本校の管理職の先生は、毎週のように通信を発行します。経営ビジョンに直結した話題、研究活動のバックアップ、研修要素のある時事ネタなど様々です。

◆校内研スタート！

先週のことになりますが、１３日（木）に今年度１回目の校内研がありました。研究主任の古舘先生のファシリテーション力、本校の先生方お一人お一人の研修意欲は、改めて述べるまでもありませんが、やはり“素晴らしいなあ”と感じました。

さて、その中で「道徳は全授業の３％」「でも、その３％の道徳授業だけよくしようとしても…」というような話がありました。これまでの校内研は、どうしても「１年に１回の研究授業のため」の打ち上げ花火になりがちでした。年に１回だけの授業を華やかにしても大して意味はありません。それよりも残りの999時間の授業の質を幾分でも高めた方が子ども達のためになります。校内研がある意味は「私たちのふだんの授業の質の向上のため」にあると考えます。そうした意味からも、毎時間の板書を残すことの価値は大きいです。見栄を張らず、背伸びをせずに、少し気楽に愉しんでやっていけたらいいですよね。自ら課題意識をもって、愉しんでやれることが本当の力になります。

年度はじめに書いていただいた内容です。校内研のスタートに際して、力強いバックアップをいただけました。

昨日は、校内研究会、たいへんお疲れ様でした。　先生の授業も、6-2の子ども達の姿も、研究会の協議も、とても実りのある内容でしたね。先生方、本当に素晴らしいです。

さて、指導助言の中で、　指導主事さんが本校の研究の意義について話していたことと、今回、裏面に記していたことと重なっている箇所がありました。時間のある時に、ご確認ください。

⬇

岩手の義務教育が目指すもの（表紙）

「知・徳・体」を総合的に兼ね備えた 社会を創造する能力を育てる「人間育成」

左記については、H31年度から変わることなく、本県の義務教育の目的として掲げられています。「人間育成」が最終目標です。

前文「はじめに」から

「はじめに」の文言は令和５年度になって変わっています。特徴的な部分は以下の箇所です。

これからの時代は、多様な個人それぞれの幸せや生きがいの実現に向けた教育が求められており、これまでの皆が同じことをできるようにするといった「そろえる教育」から、多様性を認めつつ一人ひとりの可能性を引き出す「伸ばす教育」への転換が必要と言われています。教師には、子どもが本来持っている学びの力を信じ、その力を引き出せるように環境を整え、励まし、伴走することで、「子どもを主語にした学び」を支えることが期待されます。

幾つか、私なりの解釈を加えてみると…

◆多様な個人それぞれの幸せや生きがいの実現に向けた教育

子ども一人ひとりの多様な幸せの実現なので「ウェル・ビーイング」の考え方が反映されています。幸せや生きがいの在り様も様々です。

◆「そろえる教育」から「伸ばす教育」への転換

皆が同じことを一斉に行い、同じことを目標に評価してきたことからの転換です。全体を揃える教育（一律、一斉）だけに留まらず（勿論、そのよさもあるのですが…）、一人ひとりの目標設定やそれぞれの方法で、一人ひとりの可能性を伸ばす指導観・教育観が必要です。

◆「子どもを主語にした学び」を支えること

教師の役割の転換が求められています。教師の指導性のみならず、教師が「子どもが本来もっている学びの力を信じ、その力を引き出せるよう環境を整え、励まし、伴走する」伴走者としての役割（コーチャーやファシリテーター的な役割）が期待されています。教師が何をどう教えたか（教師の指導の自己満足）ではなく、「子どもが何をどう学んだか」の視点の方が重要です。

次回に続く

授業研後に出していただいた内容です。県の指針にも合わせて授業研の価値を見出していただいています。

このような通信を通して、管理職の目指すところや研究が目指すところを、日常的・間接的にチューニングしすり合わせていました。

その中で、気になったことがあれば直接お伺いしたり、空き時間に雑談したりすることで、細かな部分まで共通理解しようと努めました。

管理職の先生の「ものさし」に、自分の「ものさし」を当てながら細かなメモリを新しく刻んでいくような営みでした。

管理職の先生と最上位目標でつながり、日々その高さを上げていくような感覚でした。日常的にそんなやりとりができていれば、きっと研推のような改まった会議の場がなくとも、同じ方向性で研究を進めたり、育成課題を達成したりできるようになると信じています。

それもまた、持続可能な研究の形なのかもしれません。

研究主題を育てていく

言葉の吟味をしていく、その概念を共有していくということは、研究主題自体が育っていくと言い換えてもよさそうです。

3月に方向性を確定し、4月に踏み切った段階の研究主題は、まだまだその言葉が一人歩きしているような状態。でも、研究会や授業交流会を通してその目指すところが何となく浸透してくると、研究主題が何を言わんとしているのかを先生方が掴むようになってきます。腹落ちするような瞬間がそれぞれの先生に訪れ始めます。

体感では3ヶ月。数回の校内研と自主研修会、そして授業交流会が始まるあたりには、何となく先生方が抽象と具体を行き来するようになってきます。

もちろん、研究通信などで地道に伝え続けることも大切です。管理職の通信が活動をバックアップしてくれることもあります。

そうして、研究主題の意味が少しずつ熟成されていくのです。

例えば、令和5年度の研究主題は「協働的な学びの中で 自分らしさを発揮できる子どもの育成~道徳授業をとおした教師のあり方をみつめて~」となっています。

「協働的な学び」という言葉が、最初のうちは「多様な他者との対話」程度で止まっていたとしても、それが「教え合い」「助け合い」「話し合い」「尋ね合い」などのように行動目標として認識されるようになっていきます。

「自分らしさを発揮」という言葉も、「発言」「ノートの記述」「振り返り」「自己決定」程度にしか認識していなくても、少しずつ子どもたちの様子を共有していくことによって、「発問の投げかけ方」「授業における自己選択の機会確保」「書くことの指導」「自己認知」など、「授業デザイン」や「目指すべき子ども像」、「指導技術」など多岐にわたって指導事項が明確になってきます。

すると、そこに「教師のあり方」が問われるようになってきます。知識を伝達するだけではない、子どもたち同士の関わりの中で自立を促していくような、「集団の中でこそ育つ個」をゴールイメージとしてもつようになります。

こうした主題の咀嚼、解像度の高さ、主題を中心としたマインドマップの広がりが、研究主題の育ちと言えるでしょう。

そして、先生方もまた、自分の中で解釈してきた研究主題について校内研で対話し、磨き合い、チューニングしていくのです。

研究主題が育つとき、そこにはゲスト感覚ではない先生方がいます。研究主任は、きっと消えているでしょう。

そう考えると、研究主題は悩みに悩んで悩み抜いたものでなくてもいいのではないかと考えることがあります。

もちろん、研究校で有名な場合はそうはいかないのかもしれませんが、一般的な公立小学校であれば、学校教育目標に準じた形で文言が入っていれば、いい意味で「価値の後付け」が可能です。むしろ、その方が先生方にとっても自分ごとになりやすいのではないでしょうか。自分たちでつくり上げていく共同体感覚も得られると思います。

春に決定し、それが「絶対化」された研究は軌道修正が難しく、場合によっては一人歩きで表面的な言葉になってしまうことも考えられます。

ある年、経営反省に次のような内容が書かれていました。「本校は学級経営について研究している。しかし、なぜ崩壊してしまうような学級が生まれるのでしょうか。研究がうまくいっていないのではないでしょうか」というニュアンスのものでした。

正確な文面は覚えていないのですが、「やっていることと現場の実情が違う」という指摘だったと受け止めています。

そのときは、「崩れる学級が多い実態」だったために、そこに手を打つべく研究を進めていました。それが「1年で結果が出るわけもない」と思っていました。「簡単に結果が出るなら、世の学級崩壊はとっくになくなっている」とさえ思いました。

でも、今考えると、学校の実情に合わせて主題の捉え方を見直したり、具体的な手の打ち方、アプローチについて考えたりすべきだったと反省しています。「できたか・できなかったか」ではなく、「できるためにどうしたらいいか・今何ができるか」を考えるべきだったと。

決定した主題を1年間掲げ続けることは大切です。でも、もっと大切なのは、現場の変化です。先生方のことを置き去りにした研究主題は、誰も見ない掲示物のように風景化していきます。

今それができているかどうかはわかりませんが、同僚性や組織力が高まっていけば、自ずと研究主題は育て合うことが可能だろうと考えています。

研究で明らかにすることは何か

そもそも、研究主題を掲げて明らかにできることは限られています。

そして、私自身は子どもたちを研究対象にすることに少なからず抵抗感があります。

インゲン豆の発芽条件のように、一方には水を与え、もう一方には与えないなんて検証は、教室ではできないはずです。教室をいくつかのグループに分けて一方はほめて……と考えることなど不可能です。

ましてや、学級によって子どもの実態も違います。指導者の指導言を一字一句同じにすることや、言い方やジェスチャーなどの非言語の部分までコピーすることはできません。

つまり、条件を整えた比較は検証不可能だということです。

そんな中で、仮説検証的に研究を進めたところで、何がわかるというのでしょうか。

もちろん、有効な手立てや、効果的な発問や教具は明らかになるでしょう。

しかし、それがすべての教室で、すべての子どもたちに通用するとは限りません。すべての先生が追試できるとも思えません。

また、授業研で素晴らしい45分間を見せていただけた場合も、私はどこか冷めた目で授業を見ることがあります。

「子どもたちの集中力が素晴らしかった」「先生の話し方がとてもわかりやすかった」のように協議会で話されるのですが、「だって多くの先生方がぐるっと教室を囲んだら子どもたちは逃げ場がないでしょう」「あんな状況の中で、子どもたちはやらないという選択肢を選ぶわけがないでしょう」と思ってしまうからです。

そんな非日常のたった45分で何がわかるのだろうかと思ってしまうのです。そう考えると、外部からいらっしゃった講師の先生も大変だなと思います。その場でそれっぽいことを言わなければならない。その学校のこれまでの研究をイメージして助言を噛み合わせなければならないからです。

だから私は、授業研は極力減らすことを考えているし、講師の先生をお呼びしない授業交流会を設定しています。そして、講師の先生がいらっしゃるときには全力で歓迎し、謝辞は熱く語るようにするのです。

そうやって、研究活動で明らかにできることが限られているとわかりながら、それでも先生方にとって意味のある時間を生み出していきたいと願う気持ちが、研究主任としての働き方に表れていくのだと思います。

すると、研究主題の何が明らかになったのかという本題を探っていく中で、確かに職員の空気感が変化していく様子を感じます。

つまり、研究で明らかになるのは「職員集団という組織は変われる」ということだと考えているのです。

この点を職員で共通理解していかなければ、授業研をしたところで、「この手法はよかった」「この指導法はどうだった」という授業力うんぬんの程度にとどまり、その先にある教育課程やカリキュラムの話には及びません。

学校をつくっていくのは自分たちなのだと思える教師集団になってこそ、オーナーシップをもつ職員やゲスト感覚から脱却した先生方が増え、そこに同僚性が育まれ、「再編」や「見直し」というアクションにつながっていくのだと考えています。

そうした職員集団を組織する分掌として研究部があるなら、研究主題は先生方個々の変容を促すものであったり、教育観をすり合わせていったりするようなものを設定した方がいいのではないでしょうか。

私も、研究主任になった当初、「それが研究主題なのか」「そんな研究主題でいいのか」「こんな主題初めて見た」と言われました。私の主旨説明が不足していたことや、それを理解してもらえなかったことも原因だと思いましたが、やはり先生方が明らかにしたいことと本来明らかにしていくべきことがうまく噛み合っていないと感じました。

1年かけて、チューニングしていく必要があると覚悟したことを覚えています。

校内研には未来がある。希望もある。はじめにそう書いたのは、校内研が学校を変える力があると考えているからです。それは、組織を変える力と言っても過言ではないと思います。

いい意味で、先生方一人一人のお力があれば、授業研などなくても学年団レベルで授業改善ができるはずです。

研究主題が明らかにすべきは、先生方に「私たちには学校をつくっていくことができる」という自負を芽生えさせるきっかけとなれる可能性ではないでしょうか。

根拠は私

「最初は嘘だと思ったのね。でも、やってみたら子どもたちが変わったのよ」

あるベテランの先生がやや興奮気味に話してくださった言葉です。私の提案を受け、実際に教室で追試してくださった後に教えてくれた言葉でした。

職員会議の提案では、毎月の重点を先生方に伝えています。「今月はこんなことを意識して授業をしてみましょう」のようなものです。年度はじめであれば、

- **授業の中で拍手が生まれるシーンを5回程度位置付けてみましょう。**
- **隣同士のペア対話を5回くらい授業に導入してみてください。**
- **笑顔を絶やさず、身振り手振りなどを使って説明してみましょう。**

のような行動目標を研究主題に合わせて複数示しています。

これもまた、先生方の選択肢を増やし、自己決定しながら研究活動に取り組んでいただく工夫です。

きっと、「教え方」や「教材教具の使い方」や「導入の工夫」などの面で研究を進めてきた先生方にとっては、私の提案がショッキングだったかもしれません。「嘘だと思った」と言われても仕方がないことだと感じます。

でもその先生は、半信半疑で「拍手」や「ペア対話」を導入してみたのでしょう。

それによって子どもたちの様子がガラッと変わったのでしょう。

嘘だと思っていたことが、実は本当に効果があることだと体験していただけたのです。

もちろん、その先生がもっている身体的な高等技術（効果的な体の使い方や声の出し方、身振り手振りや間の取り方など……）が相まって効果が出たことは間違いありませんが、教師が子どもの変容を目の当たりにできる実践を提案できたのだと感じました。

これは、何にも代え難い重要な「根拠」となります。

もし研究主題が達成できたとして、例えば学級が育ったり、授業が楽しくなったとき、きっとそのきっかけとなっているのは担任自身です。「最初は嘘だと思ったのね。でも、やってみたら子どもたちが変わったのよ」という言葉が何よりの「根拠」ではないでしょょうか。

研究主題を追いかける中で、何かを明らかにしようとしたとき、「その根拠は何か」を示す必要があります。

日光を当て、水分も与えるが、空気に触れなければ「発芽しない」。しかし、空気に触れている場合には「発芽する」という比較実験の結果が根拠となるように、成果や課題を裏付ける根拠が必要です。

しかし、子どもたちを対象にした研究では、それはかなり難しいことです。先生方が一番わかっていることだと思います。条件を整えることが不可能に近く、比較実験が成立しないからです。

だとすれば、確かな根拠は自分自身の中に見つけるしかないと考えています。

自分自身の中に、小さなトライ&エラーを繰り返し、日常的にリフレクションを繰り返し、「だからこうなのか！」という気づき・発見を積み重ね、「こういう成果が出た」と自分自身で答えを出す必要があると思います。

それが、「根拠は私」ということです。

もし、研究主題の成果や課題を裏付けるとして、子どもたちの様子や授業分析が根拠となるとしたら、それにはかなり膨大な量の視点や時間が必要です。

正直、そんな時間はありません。ないというより優先順位が高まらないでしょう。

それよりも、研究主題が「教える」という知識重視・技術の伝達から脱却した方向になり、研究の矢印が自分自身の内側に向けられ、毎日の教室が気づき・発見の連続になれば、先生方が「変わった」という瞬間を捉えられるようになるはずです。

もちろん子どもの姿も根拠にすることはできますし、ノートの記述から授業の生産性の高さを推し量ることもできます。

でも、子どもの実態が違う、条件が違うため、先生方にとって「他人事の根拠」になっていくことは容易に考えられます。ゲスト化です。

だから、常に「根拠は私」の意識をもつことが大切なのです。よその学級の成果が自分の学級にもれなく当てはまるわけなどないのです。自分自身でトライせずに生まれた成果など一過性のものにすぎません。

もっと、先生方の内側に蓄積していく根拠を大切にしたいのです。

教師が主語の研究主題へ

校内研は今、がんじがらめの状態にあると感じています。

・数年先の学校公開のために動いていかなければならない。3年次計画がある。
・若手の授業力向上と、ベテランからのノウハウの伝達の場とする。OJTの視点。
・各地域に置かれている指導主事の先生を招くための授業研。文書が届くため断れない。
・日常的な多忙感から、校内研の負担を減らそうというスクラップの対象。
・学校教育目標達成のための校務分掌としての位置付け。
・ICT活用やGIGAに関する知見伝達の場。最新情報の伝達講習。

など、どこから手をつけたらよいのかわかりません。

配慮に配慮を重ねた形で進めなければ、どれだけ正しいことでも先生方に受け入れてもらえません。何を優先すべきか、悩ましい毎日です。形式上参加している校内研は虚しく、義務感で引き受けた授業研ほど時間を浪費していると後悔することも少なくないでしょう。

学校現場では、しきりに「授業改善」が叫ばれています。それは、そもそも校内研という位置付けが学校の教育課程編成に絡んでいるからです。

子どもたちの実態をつかみ、特色ある教育課程を編成する。そのために授業研で見取ったことを根拠にしよう。そんな流れだと捉えています。

その結果を受け、研究部としてまとめたものが学校教育目標や教育課程の編成に影響を与え、カリキュラムマネジメントの一助となるのでしょう。

しかし、「子どもを主語」にした研究主題を設定していては、最短距離で一直線に進めなくなるとも感じています。

何度も言いますが、他人事、ゲスト感覚、外側の研究主題になるからです。

そうなると、「できなければ子どものせい」「うまくいかなければ主題の設定が曖昧」と、責任を外側に置くようになります。他責思考です。

だから私は、「研究の主語は先生方です」と言い続けてきました。学級づくりに研究の舵を切ったときも、「〝つくる〟のは先生方です」「子どもは学級づくりをしません」と言ってきました。

ある程度振り切って、極端な表現で伝えなければ、簡単に元に戻ってしまうことが考えられたからです。ふんわり伝えると、先生方は都合のいいように解釈します。現状維持、なるべく自分は動かない変わらないスタンスを取ろうとします。

それはそれで当たり前のことです。研究活動を負担に感じている場合なら尚更です。だから研究主任として、ズバリ、ガツンと示すようにしてきました。

令和5年度の研究の副題に「教師のあり方」と位置付けたのもそのような理由です。「研究の主語は教師だ」と強く打ち出すためにこう設定したのです。

言い方を選ばずに表現すると、先生方に負荷をかけることで多少嫌われ者になったとしても、最上位の目標を見据えて信念をもち、確かな歩みを続ける中で徐々に先生方に理解してもらい、その輪を広げ、研究のよさや成果を自分の根拠で語れるようになる道筋を見据えながら、今学校に必要だと思うことを研究主題に込める。

そんな心構えをもって教師を主語にした研究主題を設定したのです。

2013年に、オックスフォード大学のマイケル・A・オズボーン准教授が発表した論文で取り上げた「10年後になくなる仕事と残る仕事」が世界中に衝撃を与えました。

本書が出版されているのは２０２４年。約10年経った世界です。

当時言われていた職種が消えてなくなっているかどうかはわかりませんが、確かにＡＩの進歩、コンピュータの発達による自動化が進んでいることは間違いありません。

そんな中、「小学校教員」は消えてなくならないとされていました。今のところなくなる気配はありません。

では、研究活動は消えてなくなっても大丈夫でしょうか。研究主題はなくなってもよさそうでしょうか。

私はそうは思いません。教育はやはり、人の営みです。悩んだり、追い求めたり、苦しんだり、答えが出なかったり。そんな時間こそ、研究の醍醐味とも言えると感じています。

しかし、目的が噛み合わない研究、手段の目的化が進んだ授業研は別です。

先生方、ぜひ研究主題を自分たちのために設定し直してみてください。

私自身も、変に「外づら」「研究紀要」を整えるような研究主題から脱却していきたいと考えています。

Column

常に教室を開放しています。初任者の先生や若手を中心に、フラッと教室を参観される先生方もいます。

肩肘張った授業、打ち上げ花火のような授業はしません。普段通りの時間を示します。

意識的に子どもたちと関わり、これが研究主題のどこにつながっているのか、育成課題のどこにアプローチしているのかを言語化します。

休み時間や放課後に、その意図を伝えたり、参観した感想を聞いたりします。

常に研究主題を意識して授業してみましょう。

6章

「研究通信」のマインドセット

Mindset

研究通信に対する思い

研究主任になった年から、当たり前のように研究通信を書いています。学級通信を書き始めたときは、その目的が「自分の書けなさを克服すること」だったのですが、研究通信に関しては4月の1週目から自然に発行していました。

本校では、この4年間毎週のように書き続けていますが、毎年その目的が変わっているように感じます。もちろん、いい意味で。

1年目は、必死だったのだと思います。初めて任せられた研究主任という立場で、先生方をどう巻き込み、牽引していくかを試行錯誤していました。校内研だけでは伝えきれない思いをカバーするように、先生方にある種**「補足」「追伸」「弁解」のつもりで書いていたかもしれません。**通信のタイトルは「まなびや」でした。

研究主任として何がしたいのかを考え、文章で整理していました。

2年目は、1年目の経験を活かして発行内容をブラッシュアップしていました。

授業交流会や自主研修会の取り組みにより、先生方のニーズや関心をキャッチしていたので、**タイムリーな情報を流せるようになった気がしました。**ときには、「あの先生に向けて書こう」とターゲットを決めて書くこともあり、職員室の先生方を思い浮かべて文章を綴ることも多々ありました。

3年目は、3年計画の研究の集大成の年にふさわしいものを出そうと考えていました。過去の通信を読み返し、時期によって被りのないように、そして、先生方の関心に寄り添うように、**職員室の共通理解を図る意味も込めて発行していました。**

もちろん、全員が読んでいるわけではないと思います。文面だけで伝わる割合が少ないこともわかっています。

でも、一人でも多くの先生を輪に入れ、ネットワークとチームワークを太く・強くするために書いていました。

なお、3年分の研究通信は1冊の通信集として束ね、先生方に配付しました。3年分の思いが詰まった1冊になりました。

本当に貴重な研究の足跡だと感じています。

そして4年目は、研究の方向性が変わりました。副題に「道徳授業」という言葉が位置付けられました。道徳授業の板書を毎時間記録していただくことを先生方にお願いし、授業記録から学ぶことを強く意識した研究になっています。

そこで、研究通信では先生方がご自身の授業をリフレクションできるよう、振り返りの視点をもちながら発行するようにしてみました。4月の段階で、「研究のまとめ」の形式と内容を示し、いつでもまとめが書けるように、授業を振り返ってみるように伝えました。

もちろん、毎時間振り返っている先生はいないでしょう。私自身も毎時間は厳しいと感じます。でも、研究通信を通して「古舘先生はこういう感じで振り返っているのね」「研究の視点をもつと、こういう振り返りになるのね」と少しずつ数を重ねていくことで、確実に1年のゴールを見据えた実践研究が可能になると考えています。

それはきっと、「授業研＝ピーク」のような研究活動にはなりません。校内研や自主研がなくとも、日常的な授業に研究の視点が通った実践になると考えています。

今では、研究通信が机上に配られるとサッと手に取って読んでくださる方が多くなった気がします。以前は、配付した数分後に廃棄文書棚に捨てられていた通信もあり、ショックを受けていました（笑）。

しかし今では、「知識を伝達する」とか「誰かに何かを伝える」という思いと同時に、「毎日が研究ですよ～」「研修してますか～」というアナウンスの機能も意識するようになりました。

さらに、研究部の先生方が協力してくださり、分担して研究通信を発行できるようになりました。「毎週古舘」から始まった研究通信が、「研究部通信」として机上に配付されるようになっています。

校内に「書ける先生」が増えることはうれしいことです。職員の力の底上げにもなっていると感じます。職員同士をつなぐきっかけにもなっています。

年間を通した月1回程度の校内研、間に挟むように行われる自主研、そして授業研や授業交流会。さらに、研究部の先生方をはじめとする全職員を巻き込み、過去の活動と現在の活動とをつなぎながら網羅的にカバーしてくれているのが、私たちにとっての研究通信です。

次のページから、実際の通信をご紹介させていただきます。

1年間で20枚（2週間に1枚程度）出すなら、というものを厳選し、「この20枚」として掲載していただきました。ぜひ、参考にしてみてください。

まなびや

令和２年度 若葉小学校
研究部通信 No. 1
2020 年４月３日
文責：古舘良純

まず、先日の会議では温かくも建設的なご意見をいただきありがとうございました。不安ばかりが先行していましたが、心がほんわかしました。「この会議のような雰囲気の学級をつくりたい」と思えました。先生方にとって実りある研修であり、子どもたちの姿・事実で語れる研究にしていきたいと思います。これから１年間、よろしくお願いします。

通信のタイトルを「まなびや」としました。研究部で話した時に、「先生方が色々と学ぶ機会をつくりたい」という意見をいただき、若葉小自体が学びの場となるような研究をデザインしたいと考え、このタイトルにしました。年間を通して発行させていただきます。お時間のある時にでもお読みいただけると幸いです。

■学級開きと出会いの春（研究はここから…）

「学級集団づくり」がスタートします。勝負の春です。**ポイントが３つ**あります。

❶ミラーの法則

「鏡は先に笑わない」です。私が笑うから鏡が笑う。私が温かく接するから、相手も温かく接してくれる。逆に「苦手」と思えば、相手もきっと「あの人苦手…」と思うはずです。「周りの人の態度は、自分自身の心の投影」であるという考え方です。**（自分自身への自戒を込めて…）**

❷メラビアンの法則

人の情報(印象)の受け止め方の **55%が見た目・表情、38%が声の質、7%が話の内容**です。つまり、どれだけ妥当な内容を話しても、表情や声が曇っていたり、自分の言葉で語れていなかったりすれば、子どもたちは話の内容より表情の情報をより読み取ります。**とにかく口角をあげて笑顔で（特に目）、明るい声で**、心から語ってください！

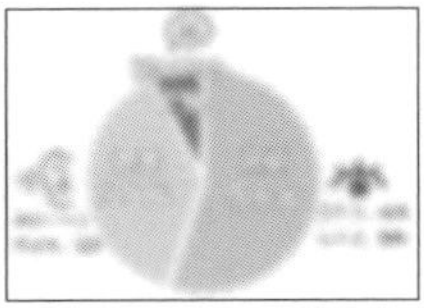

❸ピグマリオン効果（教師期待効果）

子どもたちを前にした時、「この子たちは未知なる力を秘めている」「この子たちは立派な人になる」「この子たちはきっと…」と**本気で思いたい**ものです。「できないだろう」「どうせ」「無理無理」と思ったら、子どもたちが伸びる可能性は「０」です。**信じましょう！**

キ リ ト リ

研究に関するご意見や、お気づきのことがあれば書いてください♪　**（研究部か古舘まで！）**

人生で初めて書いた研究通信でした。学級開きを前に大切にしたいことを、心理学を引用しながら書きました。「笑顔で出会おう」というメッセージを込めました。

まなびや

令和２年度 若葉小学校
研究部通信 No.3
2020 年 4 月 13 日
文責：古舘良純

第１回校内研究会ありがとうございました。学年で話し合った「望ましい学級集団」のイメージを持ち続け、子どもたちと過ごしていきたいと感じました。また、　先生のお話にあったように、「支援の子にとって優しい学級は、全ての子に優しい学級」という意識を持つことで、より温かい学級になっていくと考えました。

今後も、話を聞いていただく時間と話し合っていただく時間を織り交ぜながら研究会を進めていきたいと考えています。よろしくお願いします。

■第１回研究会記録 ～各学年から出された「目指す学級イメージ」～

１学年…学年テーマである「仲良し」を目指し「優しく寄り添い、思いやる」ことのできる子どもたちを育てたい。「気持ち」を育てていきたい。

２学年…学年テーマである「仲間」を大切にしながら、お互いを大切にできるようにしたい。そのために「聴く」ことを大切にさせる。「ほめる」ことと「教える」ことのメリハリをつけ、「注意」ばかりにならないようにしていきたい。

３学年…「得意なことがない…」という子もいる。お互いを認め合う中で、自分の良さに気付ける子を育てたい。みんなで何かに取り組んだり、拍手やありがとうがあふれたりする学級になると良い。子ども同士で良さを伝え合えるためにも、教師からの価値づけをしていく。

４学年…互いを認め合う学級にしたい。ただ、その難しさも十分感じている。言葉遣いによって傷付け合うこともあった。だからこそ、自治的な関係性を築きたい。そのために、リーダーシップをとる経験をさせる中でチームワークやフォローし合う大切さを考えさせたい。

５学年…思春期を迎える男女関係へアプローチしていきたい。ペア、小集団、全体というようなステップの中で、個々が自信を持てるようにしていく。雰囲気として「優しい暖かな学級」を目指していきたい。欠点も良さに変えていけるようにしていく。

６学年…思春期を迎える男女関係へアプローチしていきたい。お互いに我慢するばかりではなく、言いたいことを健全に言い合える「安心感のある学級」を目指したい。元気いっぱいな子たちで、見方によっては「行動力がある」とも言える。その子らを手がかりに、全体を引き上げていきたい。

７学年…「自立」を目指す上で、「キャリア教育」の視点が欠かせないのではないか。また、6 年間で子どもたちを育てる上で、学年ごとの「起承転結」の意識も必要である。学年・学級として「風」を吹かせたい。「角度・速さ・方向」を、実態に合わせて吹かせていく。

８学年…子どもたちは「教師の働きかけ」で変わっていく。研究によって、「学級づくり」が「学力向上」へ向かうことも証明されてきている。安定した学級づくりをしていくことは、教師の心の安定にもつながるのではないか。それは、結果「多忙感」の軽減にもつながっていくのではないか。

研究に関するご意見や、お気づきのことがあれば書いてください♪　(研究部か古舘まで！)

先生方との協議記録は、早めに出すことが大切です。特に第１回の研究会は、１年の方向性を確かめるために必要です。進むべき基準となる指針として示しました。

まなびや 3rd

令和４年度 若葉小学校
研究部通信 No. 7
２０２２年５月１２日
文責：古舘　良純

先週の自主研修会ありがとうございました！頂戴したご感想を一部紹介させていただきます！

■色々な指導法に触れられて、有意義な研修会でした。特に「スキル８：価値の見える化」は、納得することが多く、すぐにでも学級で取り入れたい内容でした。児童に指示し、行動させるだけではなく、目的意識を持って生活していくのは、子どもたちにとってもやりがいが芽生えるだろうと思います。

「①静かにします」→「②静かにできたね」→「③沈黙をつくれたね」や、

「①丁寧に書きます」→「②丁寧に書けたね」→「③美文字だね」など、

「③のステップ」まで価値づけしないと、「先生が言ったから静かにした」とか「先生にチェックされるから丁寧に書く」ようになってしまいがちです。子どもが納得して行動できるように促したいですね。

■スキルの引き出しを増やすとともに、そのスキルの意味や価値を理解した上で、子どもの姿を思い描きながら関わっていくことができるようになりたいと感じました。「価値の見える化」について、自分自身も「見えている」ことが大切だと感じました。

「目の前の子どもたち」が先で、「スキル」は後ですよね。でも、どうしても「スキル」や「ゲーム」が先にきてしまうと、子どもたちを「置き去り」にした実践になってしまいます。

実態を見極め、アセスメントし、教室「しなやかに・したたかに」落とし込みたいですね。

■授業の腕をあげたいと思う気持ちは、子どもたちに関わっている者ならば誰でも抱いていることだと思います。少しでも「わかる　できる授業」に近づけたいという思いは一緒です。今回の研修のように、純粋に授業の質をたかめるために自主的・自発的に研修を深めている場にご一緒させていただき、初任の頃に戻ったような嬉しい気持ちでした。若葉小の教師集団の質の高さを感じました。ありがとうございました。

今回もそうでしたが、毎回 10 名をこえる先生方が参加してくださっています。本当にありがとうございます。(強制ではないと言いながら、誰も来なかったらどうしようとビクビクしています。笑)
「学び」に、立場も年齢も性別も関係ないと思っています。常に教育観をアップデートしていくために、私にできることはさせていただきたいと思っています。
先生方の熱量に、いつも圧倒されています。今後ともよろしくお願いします！

運動会シーズン、お疲れ様です。

私も少し余裕がでてきたら、ふらっと**「教室めぐり」**をさせていただきたいと思います。先生方の教室から色々と学ばせてください。

よろしくお願いします。


第１回の自主研修会の記録です。参加できなかった方にも学びをシェアしたいという気持ちがあります。

方法も教育観も双方大切にしていきたいです。

続 **まなびや**

令和３年度 若葉小学校
研究部通信 No. １０
２０２１年５月２７日
文責：

野球選手はバットとグローブを道具として扱い試合に臨みます。教師の道具は何だろうと考えた時、私が一番に思いつくのは「ことば」です。
子ども達を前に話をする際『どんなことばをどの様に話すか』をよく考えます。伝えたいことを自分なりに整理してメモしてから話すこともあります（話す際はメモはほとんど見ない、または見ないようにしています)。さらに、学級・学年に関わる課題となるようなことを話すときは、話をするタイミングを見計らいます。「今」話すべきか、「まだ」なのかです。

今回の運動会練習を通して学年全体に見られる課題が見られました。「メリハリのなさ」です。やることはやるけれど、いちいち遅い、ダラダラしている。総練習後の職員の反省会の後、このメリハリのなさ、何だか嫌な雰囲気について学年会で話し合いました。運動会で立派に動くことだけが目的ではなく、長い目で見て改善していきたい。でも、今できることはないのだろうか…。
翌日のソーラン節練習。やはり、メリハリのない行動が見られます。どうするか…。そんな時校庭中に響きわたる、それはもう大きな声で古舘先生が指導のことばを発してくれました。こういう姿は滅多に見せません。けっして感情的に突発的に指導したのではありません。（行く前に私に「いきますか？」と冷静に伝えていました。）さらに、　　先生は、１回目の流しが終わった後、自分の思いを込めて一生懸命語ってくれました。前日の学年会での話を受けて「6年生らしさとは？」を考えてくれていたようです。二人の先生の頑張りと、それに応えようと、それまでで一番のソーラン節を踊ってくれた子ども達の姿を見て心を打たれました（泣きました)。そして練習最終日。最後の最後に登場するのは　　先生です。マスク越しでもわかる、とびきりの笑顔で「みんなすごくかっこいい！若葉の新しい伝統を作ったよ。」と褒めて下さいました。まるで自分が褒められたような気持ちでした。

いつも、練習の度にこの様な指導を行っていたらどうだっただろうと考えます。いつも大きな声で注意される・いつも先生が思いを語る・いつも褒められる。きっと今回の様に、子ども達の心にガツンと響くことはなかったと思います。「今」を考え発したことば（指導）だったからこそと思います。

教師の道具である「ことば」には、子ども達の心を動かし行動を変える力があります。ことばの扱い方次第では、マイナスの方向に心が動くこともあるかもしれません。だからこそ、慎重に大事にしていきたいと思います。運動会練習を通し、再確認した　　でした。

キ リ ト リ

研究に関するご意見や、お気づきのことがあれば書いてください♪　　**（研究部か古舘まで！）**

研究部の先生に書いていただいた通信です。学年のエピソードから、「ことば」の大切さについてまとめてくださっています。自分の指導を省みるきっかけになりました。

まなびや

令和２年度 若葉小学校
研究部通信 No.12
2020年６月18日
文責：古舘良純

あと１ヶ月で夏休みになります。あっという間だなと感じます。
運動会などの行事が延期になりました。繁忙期を言い訳にできない中で、どれだけ学級づくりを望ましい方向に向けられたか、自分自身に問い続ける日々です。

■初心を忘れない！（４月９日の記録）

望ましい学級集団をつくっていくために、学年ごとに話し合っていただきました。「どんな学年にしていきたいか」を共有できました。

① みんなが仲良く
② 優しく寄り添い合う
③ 心や気持ちを育てる
④ お互いを大切にする
⑤ ほめて育てる
⑥ 自治的な集団を目指す
⑦ リーダーを育て、リーダーを支える
⑧ 男女関係なく関わり合う
⑨ 自信と安心を生み出す
⑩ 温かい雰囲気づくり
⑪ みんなで何かに取り組む
⑫ キャリア教育的視点（自立）
⑬ ６ヶ年で育てる意識
⑭ 学級づくりは学力向上にもつながる
⑮ 話し合いが盛り上がる

■一貫性を持ちたい！（４月16日の記録）

どうすれば「学級崩壊するか」についても考えてみました。多くの考えを出され、普段何気なくやっている我々の行為が子どもたちに与える影響について考えることができました。

① 一方的に話す
② 理由なく押しつける
③ 正しい子が崩れていく
④ 問題を多発させる
⑤ 子どものせいにする
⑥ ひいきする
⑦ ルールがころころ変わる
⑧ あいまいな指示が多い
⑨ 余裕がなくなっていく
⑩ 気になる子の見方が変わる
⑪ 子どもとの約束を破る
⑫ ほめて終わる
⑬ 言葉がけが減る
⑭ 受容・共感が減っていく

なお、右の本で著者の赤坂先生は、「学級崩壊マニュアル」として、

- 気になる子を見つける
- 注意し続ける（追い詰める・挑発にのる）
- 他の子が落ち着かなくなったらその子どもたちも注意する
- ちゃんとやっている子たちはスルーする
- あとは、クラスが崩壊するまでじっと待つ

の５つを挙げています。

教室にプラスのストロークを生み出しましょう！

キ リ ト リ

研究に関するご意見や、お気づきのことがあれば書いてください♪　（研究部か古舘まで！）

いわゆる「魔の６月」には、初心に立ち返る内容を発行します。先生方に話し合っていただいた内容をリマインドする形で示します。決してトップダウンにはしません。

続 まなびや

令和３年度 若葉小学校
研究部通信 No. １７
２０２１年６月２４日
文責：古舘良純

夏休みまで１か月をきりました。登校日数も 50 日を迎えています。１年の４分の１が経過しました。
各学級、「集団」としての高まりはどのような状況でしょうか。今一度、自分自身で振り返ってみたいです。

さて、先週のミニ研で紹介させていただいた写真を、こちらでもシェアします。本来は、第２回校内研で紹介したかった写真でした。お二人の先生方、ありがとうございました。

左の黒板は、低学年の教室に書かれていたものです。「増やしたい言葉」であり「耳にしたい言葉」であり、「口癖にしたい言葉」でもあります。「持続可能」だなと感じました。大きな模造紙や、画用紙にカチッと作らなくとも、日々、日常的に、気づいたときにサクッとできるご実践だと感じました。手軽であり、効果が期待できる実践だと思います。ありがとうございました。

右の掲示物は、支援学級さんの教室に貼られているものです。「ふわふわ言葉」です。いつもセットになる「ちくちく言葉」は掲示されていませんでした。あえて「目に触れないようにする」って大切だなと思いました。言葉にしなくても、マイナスの言葉を「目にするだけ」で嫌な気持ちになります。「指導のつもり」で掲げる言葉が、子どもたちの目にどう映るのか、そこまで配慮したいと感じたご実践でした。ありがとうございました。

２８日（月）は QU の分析会です！ 会議室 15:15～16:20 頃

会議室で行います。学級ごとに、データから考えたことをまとめていただきます。まとめたものをご提出いただき、紀要に掲載させていただきます（リアルな感じの読み物にしたい）。
どこまで時間が確保できるかわかりませんが、数字に踊らされることなく、じっくりと向き合っていきたいと思っています。
７・８学年の先生方は、関係学年と一緒に分析していただけると幸いです。よろしくお願いします。

キ リ ト リ

研究に関するご意見や、お気づきのことがあれば書いてください♪　**（研究部か古舘まで！）**

先生方の学級から見つけて素敵なご実践を紹介するようにします。先生方の教室にはたくさんの学びが詰め込まれています。積極的にシェアするようにします。

まなびや 3rd

令和４年度 若葉小学校
研究部通信 No. １３
２０２２年６月27日
文責：古舘　良純

授業交流会から学んだこと

1.「小さな」ペア対話が「いざ」のペア対話を加速させる

「教科書開いたか？って聞いてみよう」のような、確認の対話（本時の発問に直接は関わらない対話）などを重ねることで、「隣の人と関わる」という準備ができる。

本時の展開で「いざ考えよう」という時に、対話がスムーズに進む。１年生で10以上可能。

2.「枕詞」は「関わり合い」の空白を埋める

「相談しましょう」「話し合いましょう」と言っても、「しーん」として、すぐにできないペアもいる。始まるまでに時間がかかり、タイムロスが大きい。スムーズで、スピーディーで、コンパクトな対話を促すためにも、「勢いをつける」ような意味で枕詞を決めるとよいでしょう。

3.「教師の声」が、子どもたちの安心感を生み出す

「穏やかな声」「優しい声」「厳しい声」「抑揚がある声」「ハキハキとした声」「低い声」「楽しそうな声」…など、「声の七変化」ができるとよい。

声の調子でメリハリをつけることで、子どもたちが落ち着いて授業に臨むことができる。一本調子、いつも同じ、投げやり、雑、ぶっきらぼう…など、自分の声を確認してみたいですね。

4.声以外の教師のパフォーマンス要素を磨きたい

身体を動かすことで声は変わる。ミスチルの桜井さん、　　　　セカオワの深瀬さんなど、名だたるボーカリストのボイストレーナーを務める佐藤涼子さんは、声は【身体】→【顔】→【声】の順で出す…と言っています（「情熱大陸」から抜粋）。

腕を駆使する。指先を意識する。教卓にしがみつかない。黒板の前に陣取らずに移動する。そうした「動き」を大切にしてみたいものです。

下半身はどっしりと、上半身はゆったりと、そんな身体性も考えてみたいですね。

授業参観シートをご提出いただき、ありがとうございました。たくさんの視点をいただきました。先生方の授業を「みる目」「視点」「視座」が良い意味で変化しつつあるのかな…と感じています。

明日からの４連戦、よろしくお願いします。

授業交流会の様子をまとめてシェアします。参観できなかった方、座談会に出られなかった方に対しても学びを提供できます。

まなびや

令和２年度 若葉小学校
研究部通信 No.17
2020年7月22日
文責：古舘良純

１学期、お疲れ様です。各学級、各学年で様々なドラマがあったことと思います。部分で見ればネガティブなことも、全体で見ると「成長のきっかけ」になっていたかもしれません。先日お願いした、「夏休みワークシート」をもとに、１学期を振り返り、２学期へ向けた戦略を練りたいものです。

■「望ましい学級」へ近づいているか（４月を振り返る）

- ◆ 男女が言いたいことを言え、協調的な学級
- ◆ 上下関係がなく、仲間として認識できる学級
- ◆ 「ありがとう」がたくさん聞こえる学級
- ◆ 欠点を受け入れ、各自のよさをみつけられる学級
- ◆ 友達の個性(ｷｬﾗ)を認め合える学級
- ◆ 全員で何かに挑戦する学級
- ◆ 誰とでも協力し合える学級
- ◆ 日常的な課題を自分たちで解決できる学級
- ◆ 一回の指示で動ける学級
- ◆ 個々が係や当番の仕事を責任もって行う学級
- ◆ 笑顔があふれる学級
- ◆ どの先生でも変わらない態度で過ごせる学級

上記の内容は、第１回校内研究会で出した資料から抜粋した「望ましい学級」の暫定的イメージです。学級の理想を語る手がかりにするために提示したものでした。

ＱＵの結果をもとに学級のよさや課題を話し合っていただきますが、ＱＵが全てではありません。数値が高いから良いというわけではないのです。上に示したような「望ましい学級集団像」を先生方それぞれが実態に応じて考えていただき、その姿にいかに近づくかを大切に「学級づくり」に取り組んでいただきたいと考えています。

■チームビルディング（タックマンモデル）

集団形成に関する考え方に、「タックマンモデル」の考え方を用いることがあります。

この考え方を使うと、６月あたりに、一度「混乱期」が訪れます。集団の中に価値観のズレなどが生じ、集団として一見崩れているように見えるのです。しかし、この混乱期を問題視することなく、むしろ成長の糧にするからこそ、２学期以降の統一期、機能期を迎えることができるのです。

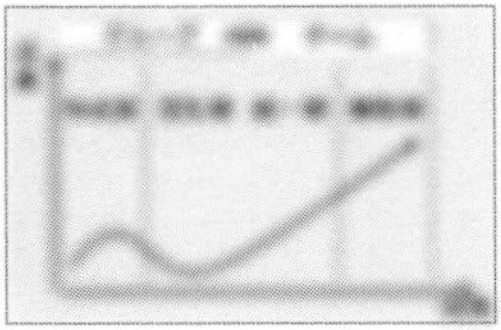

■夏休みの研修参加について

出張希望者	研修講座名	期　日	場　所
	花巻市教育研究所公開講座 「ふくろう講座」ＩＣＴ・プログラミング講座	７月３１日	宮野目小学校 パソコンルーム
	花巻市教育研究所公開講座 「ふくろう講座」外国語教育	７月３１日	石鳥谷総合支所
	花巻市教育研究所公開講座「ふくろう講座」 指導と評価の一体化・道徳科の授業づくり	７月３１日	石鳥谷総合支所

------------------------------------キ　リ　ト　リ------------------------------------

研究に関するご意見や、お気づきのことがあれば書いてください♪　（研究部か古舘まで！）

１学期末には、改めて４月に立ち返ります。１年かけて学級をつくっていくという視点でタックマンモデルなども示します。夏休みに行われる研修会案内も紹介します。

続 まなびや	令和３年度 若葉小学校 研究部通信 No.23 2021年8月17日 文責：古舘良純

いよいよ、2学期がはじまります（これを書いているのは7月29日ですが･･･）。オリンピックの金メダルラッシュに喜びながら、東京のコロナ感染3000人越えを目の当たりにしています。複雑な感情です。

さて、オリンピックを見ていて毎回思うのは「カメラマンやるな～」ということです。ニュースに上がってくる写真や総集編で流れるその映像は、選手が輝いている一瞬を切り取ったものです。本当に美しい一瞬だと思っています。

きっと、教室においても、そうした「一瞬」があるのではないでしょうか。その「一瞬」を見逃してはいないだろうかと自問自答する日々です。その「一瞬」こそ、子どもたちを伸ばす「教育的瞬間」だからです。

しかし、「授業を進める」「指導内容を教える」ということばかりに力を注いでいては、その「一瞬」を見逃してしまうことも多々あります。「背筋の伸び」「指先の動き」「目の動き」「声の抑揚」のような子どもたちの意欲の腰を折ってしまうのです。

では、どうすればその「一瞬」を捉えられるようになるか。それは、「訓練」と「慣れ」と「射程」です。カメラマンさんも、最初は「切り取れなかった」はずです。きっと、何万枚も撮影して「訓練」したはずです。すると、徐々に「慣れ」が出てきます。動きが予想できたり、予測して撮ったりできるようになります。そして、「射程」が広がります。色々な種目や、どの現場においても「一瞬」を捉えられるようになります。
（子どもたちにもそうするように、我々大人も、成長する必要があると思っています。）

以前、　　先生の授業を見せていただいたとき、「理解しようとする目がすてき！」という言葉を子どもたちに投げかけていました。そのことを放課後に話したところ、翌日、　　先生が水泳指導の際に同じフレーズを子どもたちに言ったそうです。「目がすてき！」と。きっとそこには、体育的指導であると同時に、学級・学年経営的な空気感があったと思います。

2学期、子どもたちの成長の瞬間を目に焼き付けたいものです。見逃したくないものです。また、そうしたアンテナを張っておくこと、そうした瞬間に敏感になっておくことが必要かもしれません。私は、学級に貼っていた写真をはがしました。「2学期は2学期の子どもたちを見取る」という気持ちの表れです。リセット、リスタートです。

キ　リ　ト　リ

研究に関するご意見や、お気づきのことがあれば書いてください♪　　**（研究部か古舘まで！）**

夏休み最終週には、また研究部の存在を示す上で１枚発行します。ちょうどオリンピックの年でした。先生方の関心を寄せる意味でもこうした視点で発行しています。

続　まなびや

令和３年度 若葉小学校
研究部通信 No.28
2021年9月14日
文責：古舘良純

先日、校内研で行っていただいた「写真から価値を発見する活動」を子どもたちにもやってもらいました。16枚の写真を用意して、ぐるっと１周しました。１枚につき１分程度で行いました（探すのが難しい子でも、１分なら耐えられる）。

ネガティブなあの子も、勉強には向かいにくいあの子も、みんなシーンとした中で、鉛筆だけをガリガリと動かしていました。

校内研の時も感じたのですが、やはり活動後の「文字で埋まった写真」を見ると、子どもたちも心がほくほくしていた様子でした。感想を紹介します。（見えにくくてごめんなさい・・・）

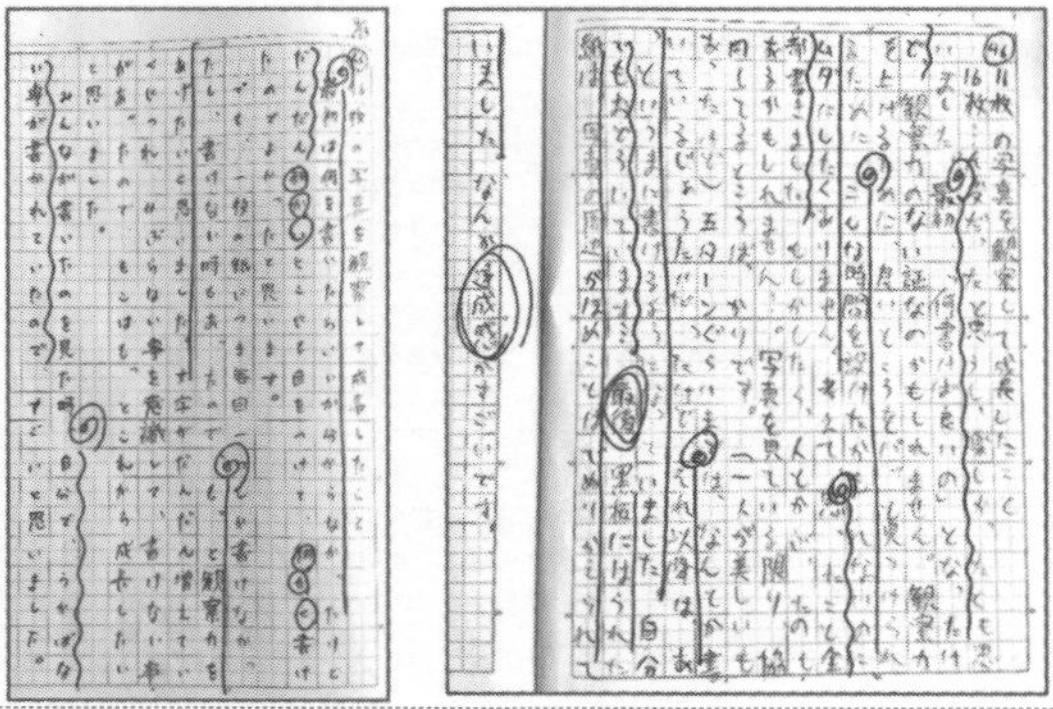

キ　リ　ト　リ

研究に関するご意見や、お気づきのことがあれば書いてください♪　　**（研究部か古舘まで！）**

校内研で実施した演習を子どもたちにも追試してみたことを報告しました。手順などがわかっている状態で読むと、また違った読み方ができると考えています。

まなびや

令和２年度 若葉小学校
研究部通信 No.24
2020年10月1日
文責：古舘良純

１年を折り返しました。登校日数は104日目。9月で半年が終わりました。そして、学習発表会を終える1ヶ月後には、第2回hyperQUが実施されます(11月初旬予定)。

何度も言いますが、「数値をあげるために学級づくりをしている」わけではありません。しかし、QUは1つの目安として学級の状態を理解するためのツールです。いかにそのツールを使いながら学級を解釈し、日々の指導に生かしていくか…が本来の目的です。

だからこそ、11月初旬の実施です。夏休みを抜けばまだ数ヶ月しか経っていません。数値を上げるのであれば、2回目までの期間を長く取り、行事などが落ち着いた時期にゆったりと実施すれば良いでしょう。しかし、私たちは数値をあげたいわけではなく、学級の状態をいち早く把握し、早期発見・早期指導改善がしたいのです。

■教師のセルフチェックを

4月に紹介した、河村茂雄先生の「教師のためのソーシャル・スキル」(QU開発者)を何度も開いています。そこで、「いつもグサリ」と刺さるページがあります。**「教師が温かい言葉がけをしても、話しかける教師の表情や態度が、言葉の内容と異質のイメージを与えている」**という内容です。子どもの話を聞いてあげたとしても「表情が暗い」「心配しているような仕草が伴っていない」「真剣さが伝わらない」など、**教師の雰囲気や態度などの非言語的なものが原因で、子どもたちに信頼性のあるメッセージを伝えることができない**ということです。

そこで河村先生は、教師の対応をセルフチェックし、分析する必要性を述べています。ここで手がかりとしたいのは、**4月に行った校内研修です。「学級崩壊させるための方法」です。→→→**

どうすれば「学級崩壊するか」についても考えてみました。多くの考えを出され、普段何気なくやっている我々の行為が子どもたちに与える影響について考えることができました。

4月の校内研で先生方から出された意見

- 一方的に話す
- 正しい子が崩れていく
- ルールがころころ変わる
- あいまいな指示が多い
- 気になる子の方が変わる
- 子どもとの約束を破る
- 理由なく押しつける
- 子どものせいにする
- ひいきする
- 余裕がなくなる
- 言葉がけが減る
- ほめて終わり

このような、「4月の原点」に立ち返ってみたいものです。「教師がどうしたいか・どうすれば良いか」を考えると同時に、**「子どもはどうしたいか・どうなりたいか」**に寄り添って考えましょう。子どもたちは簡単に変わらないと思います。でも、子どもたち自身は、「変われる」と思っているはずです。先日、6年1組のA・Yさんの作文に**「人は、きっかけさえあれば変わることができる」**と書かれていました。つくづく、その「きっかけをつくるのは教師の役割」だと痛感しました。

キ　リ　ト　リ

研究に関するご意見や、お気づきのことがあれば書いてください♪　**(研究部か古舘まで！)**

荒れの11月を迎える前に、何度も何度も４月に立ち返ります。「またか」と思われても出します。セルフチェックは自分たちの心と比べるようにします。

続 まなびや

令和3年度 若葉小学校
研究部通信 No.33
2021年10月6日
文責：古舘良純

桜台小学校の公開、お疲れさまでした。私も、初司会に緊張しておりましたが、多くの学びがありました。「あーだったね」「こーだったね」と話す時間も無い毎日ですが、いかに自分たちの血肉として取り入れ、実践していくかが問われていると考えます。

「フィットするな…」と感じたことはどんどん取り入れ、「実態に合わないなあ…」と思ったことは、そのズレの正体を突き詰め、新たなものを生み出していきたいですね。共感的であれ批判的であれ、何かしらの学びとして、桜台小さんのように「授業改善」に努めたいと思います。

公開の翌日、私もちょうど見せていただいた授業と同じ時間の授業がありました。「あっ！」と思い、授業を動画に残しました。そして、板書やロイロノートの様子、子ども達のノートをすべて記録として残しました。

助言の先生からいただいた学びも取り入れ、桜台小学校さんの視点「学び合い」「振り返り」を意識して授業してみました。

見せていただいたからには、何かしら自分自身の中に成長や変容を見出したいと考えています。

こうした意識で授業をすると、授業が「がらり」と変わります。そして、子ども達が「いきいき」と「躍動」するようになります。やはり、子ども達を変えていくのは・・・授業だなあと感じました（良くも悪くも・・・）。

学習発表会の準備や練習でお忙しいとは思いますが、「埋没」してしまわぬよう、日々の授業を充実させていきたいと考えています。

キリトリ

研究に関するご意見や、お気づきのことがあれば書いてください♪ **（研究部か古舘まで！）**

近隣の学校公開で学んだことを追試しました。学んだことは学級に還元する姿勢を示しています。外の学びを内側に落とし込む作業が重要です。

まなびや 3rd

令和４年度 若葉小学校
研究部通信 No. ２８
２０２２年11月17日
文責：古舘　良純

今週、授業交流会週間です、どうぞよろしくお願いします。やはり、１日のうちに一番多い時間が授業ですから、授業の質を高めていくこと、高めようとし続けることが大切なのだと思います。

そのために、生の授業を見合うこと、その協議をし合うことが重要なのかもしれません。本や論文からだけの机上の学びや研修だけではない、「子どもの姿から学ぶ姿勢」を持ち続けたいものです。

ということで、先日行われたブラッシュアップの授業を少し紹介したいと思います。

↑当日の板書です。左が前単元のふり返り。真ん中が考えの可視化（思考ツール）。右が課題設定です。

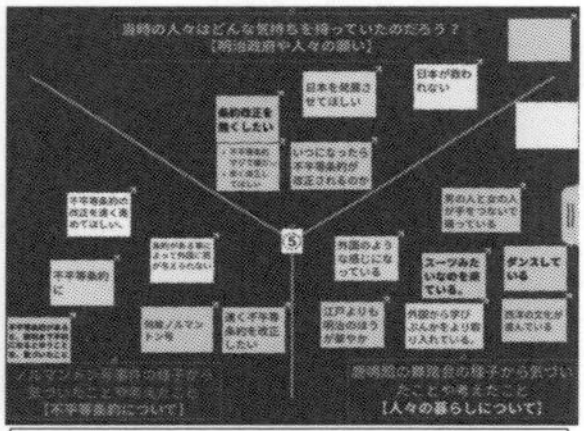

↑展開時の子どもたちの思考ツールです。６グループあるので、これがあと５枚あります。

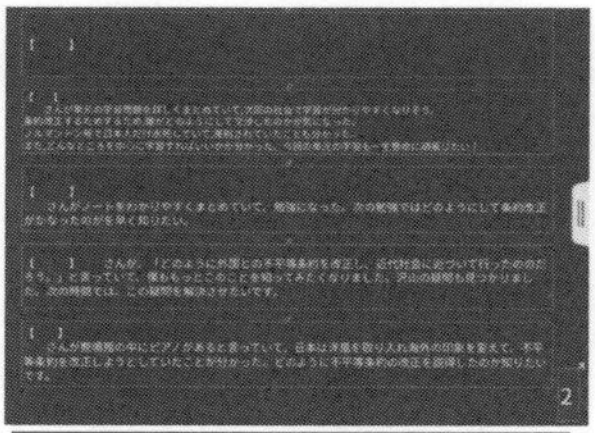

↑本時のふり返り、４分程度で書きました。共有ノートで書かせています。あと５枚あります。

公開授業お疲れ様でした。あなたに身についた力、成長したこと、学級の頑張りについて400文字以上で書きましょう。

成長したことは４つあります。一つ目は「人前に強くなる」です。今までにないぐらいの人がこの教室に来ましたが、カメラもむけられていてすぐ横にもいましたが最初の質問でもすぐに話しかけることが出来たし、緊張せずに案外といつも通りの授業と同じようにできたので良かったです

2つめは深く考える力がついたことです。ノルマントン号事件のことについては、「何故船長や乗組員だけが脱出できたのか？」など他には学習課題の設定で不平等条約改正のことについても自分だけで考えることができたし、隣の　とも話すことができたので良かったです。

3つ目は話し始めたら顔を見るです。学級全体的にも自分もだけどいつもは先生が話し始めてもタブレットを見ていることがありましたが、今日は先生が操作ロックをしたのもあるかもしれないけど、話し始めたらすぐに反応したり目線を先生の方に向けることができたので良かったです。

4つめは発言力です。周りにたくさん人がいる中で　さんや、　さんが進んで発表してくれたので自分的にも手を上げやすかったし、発言もしやすかったので今日は人前でも出来たので良かったです。今日のことを学びにして、次の社会や他の授業につなげられるようにしたいです。

成長したこととは関係ないですが今日の社会でノルマントン号事件のことについて疑問がたくさんありました。今日は陸奥宗光のことについてはあまり詳しくやっていませんが教科書を読んだ限りでは、大体江戸幕府を倒す運動に加わり、坂本龍馬と行動したことや、外務大臣を務め、条約改正や中国（清）との間におきた戦争に、政治家として深くかかわっていることが分かりました。次の社会でもやるかはわからないけど、自主的にも一人勉強でやってみたいです古舘先生が担任になったからこそ経験できることだと思うし、1年間で1度きりしかできない経験だったかもしれないので、この学び、この経験を大切にしていきたいです。先生がどれだけ有名かということが分かりました(笑)この教室にいる人数が倍になってこれまでにない経験だったけど校長先生より偉い人だと思わずに緊張しないようにしていました。でも真横にいたり自分の意見を聞かれたりしていて、いつもの授業とは環境が変わっていたたけど普通に授業を受けられたので良かったです。

↑公開授業で成長したことを書かせました。社会科のふり返りについても言及しています。一番書けている子で1050文字です。

活動の一部をシェアさせていただきました。機会があれば、どこかのタイミングで授業動画等を見ていただけたらと思います。様々ご迷惑をおかけしました。ありがとうございました。

県指定の事業で公開した社会科授業の紹介です。当日はお客さんが教室を埋め尽くし、本校職員は廊下から見ているような状況でした。ぜひシェアしたいと思いました。

まなびや

令和２年度 若葉小学校
研究部通信 No.３１
2020 年 11 月 19 日
文責：古舘良純

（職員会議資料より…）読書の秋、食欲の秋、運動の秋…、「秋」にちなんで（半ばこじつけで）学級にチャレンジ 10 を課しています。**「実りの秋」**となりますように…。ということで、**「学級文化をつくる」**についてです。

百人一首。全員「0」スタートなのでフラットな状態からはじめられました。

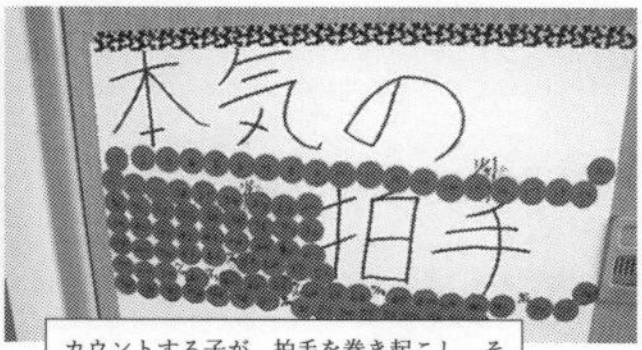

カウントする子が、拍手を巻き起こし、その都度シールを貼って可視化しています。

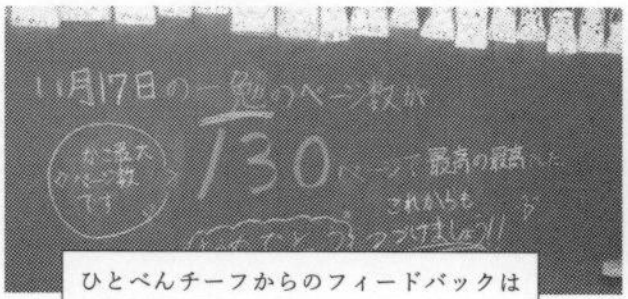

ひとぺんチーフからのフィードバックは朝黒板で行っています。

宿題チェック担当が、朝、宿題を出していない子に催促しています。C-C の関係。

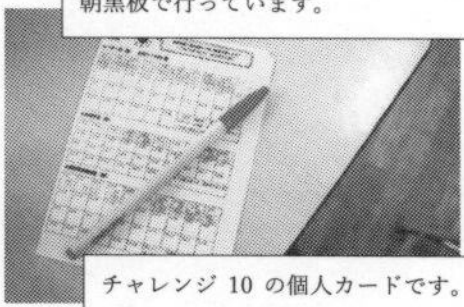

チャレンジ 10 の個人カードです。数を記入し、努力と継続を体感させます。

個人的に感じていることは、子どもたちの時間の使い方が変わってきているということです。休み時間の感覚、隙間時間の感覚、1 分あれば何ができるかなど、無意識で使っていた時間を意識的に使えるようになってきています。また、そうした動きが教室に感化を生み出しているように感じます。

--------------------キ リ ト リ--------------------

研究に関するご意見や、お気づきのことがあれば書いてください♪　**（研究部か古舘まで！）**

11月は、しんどい学級が出てきます。いい意味で「手数」や「引き出し」が必要になる場合があります。そこで、ちょっとした活動アイデアも紹介しています。

続 **まなびや**

令和３年度 若葉小学校
研究部通信 No.４０
２０２１年１１月２５日
文責：古舘　良純

研究主任会議にいってきました

先週金曜日、石鳥谷にて研究主任研がありました。

プログラムは大きく２つでした。１つは、県の学力向上担当である　　先生による **「学校での組織的対応」** について。もう１つは、**「自校の学力向上における課題の分析」** でした。

①学校での組織的対応について

一番多く言われた言葉が「授業改善」でした。そのもとになるのが「確かな学力育成プロジェクト」です。その中にある **「温かい人間関係と学習規律を基盤とした学習集団　～生徒指導の３つの機能を生かした授業～」** を推し進めることが、授業改善につながるということでした。そのために、検証改善サイクルを校内で確立してほしいという内容でした。

また、**心の面におけるアンケートの結果と、テストの点数の結果の相関関係が見られる** ということでした。決して因果関係ではないが、この意識をもっと授業改善につなげることができるということでした。

②自校の学力向上における課題の分析

花巻市学力向上アクションプランを元にした比較検討の時間でしたが、主に南城小さんと桜台小さんとの話し合いの時間でした。

いろいろとお伝えしたことがあるのですが(笑)、個人的に気になったのは **「家庭学習の抜本的改善」** です。プランによると、**「学びに向かう人間性の涵養」** をねらいとしていました。しかし、「学年×１０＋１０」のような公式がいまだ広く蔓延しているようです。こうしたスタンダードが、「抜本的改革」を足止めしているのではないかと感じました。（ここだけ主観がつよい…）

また、「指標」として示されていたものに関する内容には、

1. **自分にはよいところがあると思いますか。**
2. **先生やまわりの人は、あなたのよいところを認めてくれていると思いますか。**
3. **授業を振り返る中で、その 時間 の学習内容で何が大切だったか分かりましたか。**

というものがありました。この辺りを授業で意識していくことも、やはり重要になるなあと考えました。

キ　リ　ト　リ

研究に関するご意見や、お気づきのことがあれば書いてください♪　　**（研究部か古舘まで！）**

自治体の研修会で学んだことを報告しています。学校として研究することと同時に、自治体の方針にも沿って学校教育活動をしていきたいと考えています。

まなびや

令和２年度 若葉小学校
研究部通信 No.32
2020年11月26日
文責：古舘良純

11月が終わります。「研究のまとめ」の方向性が定まらないまま今日までだらだらと甘えていてすみません。2月を目標に、研究に関するまとめを仕上げていきたいと考えています。研究部の先生方を中心にまとめようと考えています。関係学年の先生方、ご協力をお願いします。

「研究のまとめ」目次イメージ

1. はじめに（校長先生
2. 研究主任より（古舘
3. 研究部まとめ（研究部の先生方１人１枚
4. 各学年より（学年で１枚＝研究部を中心に
5. 特別支援より（○○先生を中心に
6. 生徒指導より（○○先生
7. 成果と課題
8. これまでの資料（必要に応じて

「４．各学年より」では、**Ａ４サイズ１枚程度に学年でふり返り**をまとめていただきます。その際、研究部の先生は抜いても構いません。（量と相談してみてください。）以下のようなスタイルでまとめていただけると助かります。あまりご負担にならないようにしたいと考えています。

第■学年　研究のまとめ（Ａ４で１枚）
　こんな学年だったので、こんな方向性で学年・学級経営をしてきた。うんぬんかんぬん・・・
　１組　担任○○
　　あーでもない、こーでもない
　２組　担任△△
　　こんな感じで、あんな感じで
　３組　担任□□
　　こういう風に、ああいう風に
まとめ：来年に向けてこんなことを…

「４．各学年より」に関して

(ア)学年とおおまかな傾向を記述
(イ)１組から順に、学級ごとに記述
(ウ)写真やデータ挿入も可
(エ)到達度・結果・事実と、その分析を記述
　（なぜそうなったのか。きっと～だからだろう。）
(オ)分量が少ないため、個や集団に焦点化する
　（授業やソーシャルスキル実践などの視点も可）
(カ)とりまとめ、提出は研究部員が行う
(キ)書き方は各学年に任せる（手書き→打ち込みも可）
(ク)２月を目途に完成したい

------------------------キ　リ　ト　リ------------------------

研究に関するご意見や、お気づきのことがあれば書いてください♪　**（研究部か古舘まで！）**

研究のまとめについて周知・連絡です。会議提案もしますが、ペーパーレス会議のため、通信を活用して先生方の手元に残るように配慮しています。

まなびや

令和２年度 若葉小学校
研究部通信 No.３５
2020 年 12月17日
文責：古舘良純

「学級づくり」の頭になっているせいか、所見を書いていると「特活」的なことばかりが浮かんできました。偏らないようにしないといけないなあ･･･と思いながらも、「意識化」「習慣化」「身体化」の大切さを感じました。来週、いよいよ冬休みを迎えます。よき締めくくりを･･･。

■「質問タイム」を行っています。

１学期から定期的に行っている「質問タイム」という活動があります。全員が全員に対して質問を行う時間です。

初回は、「好きな食べ物は？」「苦手な教科は？」「犬派ですか？猫派ですか？」のような質問から始まりました。今では「学級目標のどこを意識していますか？」「あなたにとって６年１組とは？」などの質問が飛び交うようになってきました。

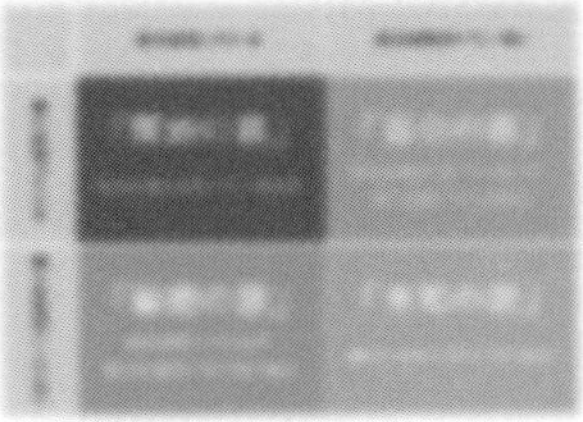

子どもたちは、こちらが思っている以上にお互いのことを知りません。だから、はじめのうちは、「ラーメンみそ派」と知っただけで「同じじゃん！」とテンションがあがっていました。

そして、その都度**ソーシャルスキル**の視点をもち、鍛え、安心感の生まれる対話活動を促してきました。

これは、**「ジョハリの窓」（左下写真）**をベースに考えて実践しているものです。

自分も他人も「知っている・気付いている」窓、つまり、**「開放の窓」**を拡げていくことが、自己理解のズレを修正し、よりよい対人関係をつくる土壌を築くことにつながるということです。

「秘密」（知らないこと）の多い人や、「盲点」（自分がどう見られているかわからないこと）の多い人は、なかなか自己理解が進みにくく、関係性を豊かにしていくことが難しい･･･と言われる理論です。

「自己に気付き、他者に開放する」ような**「質問タイム」**にしています。朝活動で 10 分間、１週間やってみてもよいかもしれません。

-------------------------キリトリ-------------------------

研究に関するご意見や、お気づきのことがあれば書いてください♪　**（研究部か古舘まで！）**

２学期末になっても、丁寧に関係性を育んでいる様子を伝えています。初心忘るべからずです。ある程度関係性が固まってくる時期だからこそ、再構築していきます。

続 まなびや

令和3年度 若葉小学校
研究部通信 No.51
2022年1月7日
文責：古舘 良純

実践報告、ありがとうございました！ 勝手にタイトルをつけました。すみません。

1年1組	「ほめほめタイム」で具体的なほめ言葉がでてきた。意識の変化を感じている。
1年2組	「すてきでしょうカード」で子どもたちの意見を学級に反映させていく。
1年3組	「価値語モデル」をつかった「日直をたたえる」取り組み。
1年4組	「ありがとうカード」「がんばったねカード」で、関係性を築く。
2年1組	「きらきらみずき（道徳）」で「自分のいいところ発見」。
2年2組	「自治的な話し合い」と「教師の介入」を通した不満足群に対するアプローチ。
2年3組	「クラス会議」と「道徳」による、一人一人との関わり。
3年1組	「言葉のプレゼント」と「学級会」でつくる認め合う学級。ロイロノートの実践。
3年2組	「係活動」「お楽しみ会」「合い言葉」「頑張りの花」でつくる自治的活動。
3年3組	「子どもと教師は鏡である」というスタンスで臨む関係性づくり。
4年1組	「ほめほめタイムの工夫」を通した言葉を広める活動。
4年2組	「外遊び」を中心とした関わり合いと、「ほめほめタイム」の継続で生み出す優しい言葉かけ。
4年3組	「めあて」の決め方。「多数決」の取り方。「もめごと」が起きたときの「温かい言葉」の指導。
4年4組	「ほめほめの木」で可視化するプラスの成果。学級役員の活用も加えて。
5年1組	「友達の良さ、自分の良さに気づこう」。道徳授業後の「書く活動」を通した認め合い。
5年2組	「みんな仲良し若葉の子」に関わる取り組み。「言葉で伝えること」の継続。
5年3組	「ほめ言葉のシャワー」で高める自己肯定感。　～個々と集団との架け橋に～
5年4組	「学級力のふり返り」を通した自発的、自治的な活動の充実。
6年1組	「係活動」「作文指導」「学期末ミッション」で取り組む個の成長と学級集団の強化。
6年2組	「自己開示」を通した認め合いの雰囲気づくりと自信の形成。
6年3組	「委員会活動」「学級活動」を通した話し合い活動の活性化と参画意識の向上。
1年あさがお学級	「絵本の読み聞かせ」などを通した環境整備と関係性の構築。
2年たんぽぽ学級	「～しない」から「～する」の肯定的変換で伝える言葉かけ。
3年ひまわり学級	「グリーンポイント」の提示による日常生活をプラスに転じる意欲づけ。
3年なでしこ学級	「ユニバーサルデザイン化」による、情報伝達手段の多様化。
4年すずらん学級	「助け合う学級」を意識した、協力し合う学級づくり。
5年こすもす学級	「温かい言葉」の意識でつくる、人間関係の好適化学変化。
6年あじさい学級	「社会性」を育む、交流学級児童とのコミュニケーション。
きらら教室	「言葉を大切に」した授業と、「ふわふわ言葉、チクチク言葉（SST）」の継続的実施。

研究のまとめに関して、先生方がレポートを書いてくださいました。レポートの概要をまとめたものになります。校内で学び合える環境ができてきていると感じます。

まなびや

令和２年度 若葉小学校
研究部通信 No.41
2021年２月12日
文責：古舘良純

朝会で副校長先生も言っていましたが、２月も半分が過ぎました。あっという間に日々過ぎ去っていくように感じています。よく言う「かけがえのない」「一日一日を充実させて」という言葉の意味を考えながらその事実を教室にたくさん生み出していきたいなと思います。

授業参観で「１２年後の私」について発表会を行いました。このワンシーンを見ただけでも、子どもたちはたくさんの「スキル」を駆使して発表会に参加していることがわかります。（同時に、この１年の指導の浅さや甘さも出ています。）子どもたちが、もっと自分の行為（スキル）をより意識化できるようにさせていくことが必要だったのだろうと考え、反省しています。

例えば、このシーンは、「話す側」と「聞く側」にわけることができます。すると、「話し方」「聞き方」というスキルに分けて考えることができます。

「話し方」では、「文章構成」「語彙の選択」のような国語的なスキル、「笑顔」「視線」のような態度面のスキル、その他にも「発声」「声の大小」「声の高低」「呼吸」「間の取り方」「ユーモア」などのスキルが複合的に絡み合っていることに気付きます。

「聞き方」についても細分化してみると、同じように「事実と意見の聞き分け」「要旨を捉える」のような国語的スキル、「うなずき」「前のめりな姿勢」のような態度面のスキル、さらに「再現力」「メモ力」などのスキルも複合的に絡み合っていることに気付きます。

たった一瞬の場面にも、教師が見る気になればたくさんの見方ができます。その精度を高めていくことが、子どもたちを育てていくことに直結するのではないでしょうか。「学びはいつも目の前の子どもたちにある」と考える毎日です。

-------------------- キ リ ト リ --------------------

研究に関するご意見や、お気づきのことがあれば書いてください♪　　（研究部か古舘まで！）

３学期もなお、「授業で勝負」を強く打ち出しています。下降線を辿る３学期にはしたくありません。最後の最後まで指導のねらいを持って授業に臨みたいものです。

まなびや

令和２年度 若葉小学校
研究部通信 No.45
2021年3月11日
文責：古舘良純

10年前の今日、私は千葉県で3年目を終えようとしていました。もう、校庭の桜のつぼみがふくらむほど温かくなった3月11日のことでした。

その日は午前授業だったため、教室には誰もいませんでした。私は、一人でテストの丸つけをしていました。突如大きな揺れが起こりましたが、「すぐに収まるだろう」と安易に考え、丸付けを続けました。しかし揺れは続き、向かいの建物から人が避難していく様子が見えました。慌てて校庭に走ると、学校に遊びに来ていた子どもたちが中央に集まっているのが見えました。

その後、テレビで東北の様子が映し出され、ことの重大さを目の当たりにしました。「今すぐ岩手に戻りたい」と、強く思ったことをはっきりと覚えています。

そこで、小原綾先生（当時、大船渡高校バレー部）をお招きし、「東日本大震災」に関する「ご講演」をいただきました。

当時の様子をリアルに語ってくれたり、ご実家の写真を見せてくれたりする中で、子どもたちもどんどん話しにのめり込み、真剣さを増していきました。

大変お世話になりました。ありがとうございました。「津波てんでんこ」、大切にしたいと思います。

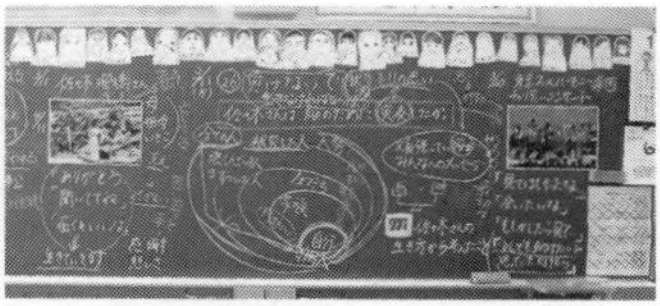

その後、道徳授業で佐々木瑠璃さん（大船渡）の教材「負けないで」を実施

キ リ ト リ

研究に関するご意見や、お気づきのことがあれば書いてください♪　**（研究部か古舘まで！）**

東北人なら必ず扱うであろう「東日本大震災」。校内で人材活用しながら特別授業を行う。そんな取り組みをしています。

Column

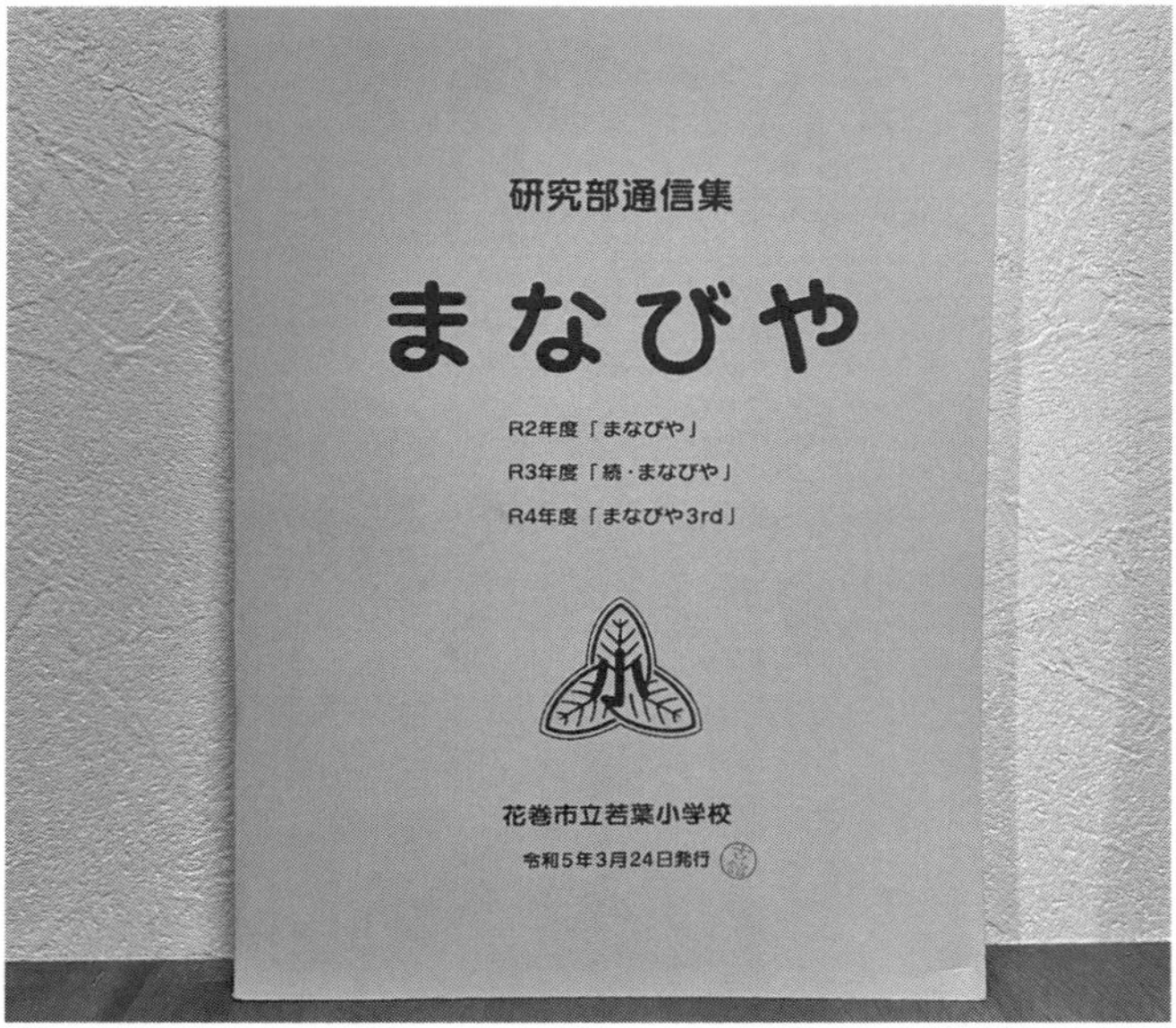

3年間の研究の中で発行した通信全145号は、冊子にしました。研究部の先生方で印刷や丁合作業を行い、先生方に配付しました。

製本は地元の印刷会社にお願いし、年度中に納品を依頼しておきます。

製本代は事務さんと相談し、研究費として落としてもらうようにするといいでしょう。

転出された元研究部の先生方にも、お会いした際にお渡しするようにしています。

あとがき

研究活動が楽しい。そんな毎日を過ごさせていただいています。しかし、4年間研究主任として活動しても、うまく捉えきれないものがあります。それが、「研究紀要」です。先生方の学校には研究紀要がありますか。それはどのような位置付けになっていますか。見返すことはありますか。何のために作っていますか。

実は、最後の章で紹介した「研究通信集　まなびや」は、「研究のまとめ」の「別冊」という位置付けで発行しました。研究のまとめに混ぜ込んでは多すぎる。そもそもまとまっていないという理由で、別冊扱いにしました。

また、「研究紀要」という大それた名前をつけることに恐縮してしまい、私が研究主任になってからは、「研究のまとめ」という形で少し表現をやわらかくし、束ねています。

そんな研究のまとめですが、実は教諭だけではなく、非常勤の先生方やスクールサポートスタッフ、事務職員の方々全員に配っています。研究のまとめに何か書いてもらうことはないのですが、各学年やそれぞれの先生方の言葉を、学校全体に届けシェアしたいと思っているからです（当たり前にやっている先生方は多いと思いますが）。

配付した数日後、定年退職後に授業サポーターとして勤務してくださっている先生が声をかけてくれたことがありました。

「古舘先生、普段会えないからお礼が遅くなっちゃって。私たちのような立場の人にまで研究のまとめを配ってくれてありがとうございます。……あの『まなびや』、いいですね。ああいうのが、学校の財産だなって思います。よく続けてこられましたね。あれは勉強になります。学級経営がうまくなるような気がします」と。

本当にうれしかったことを覚えています。書いてきてよかった。印刷してよかった。製本してよかったと思いました。誰かのためになっている。そう実感できました。

もちろん、電子化も考えました。そもそも束ねることもやめようかと思っていました。でも、こういう地道な取り組みをしてきたからこそ、あえてペーパーレスの時代にブツにしておきたいとも思っていました。だから踏み切りました。

自己満足かな。いずれ捨てられるのかな。でも、伝わる人には伝わるといいな。一人でも伝わればいいな。そんなことを考えていました。

だから、第一線を退いた先生が今もなお学ぼうとしている姿勢を見て、何とも言えない勇気をいただけたのです。

同時に、「研究のまとめ」って何だろうと考えました。

その先生が評価してくださったのは「まなびや」であって、「研究のまとめ」ではありませんでした（もちろん、2冊合わせて評価してくださったとは思いますが）。

そう考えると、「研究のまとめ」はきっと「誇り」のようなものなのだと思います。

冊子自体に価値があるのではなく、その内容に意味があるのではなく、積み上げてきた毎日や、本音で語った回数や、交わした言葉の数々や、子どもと向き合った時間などが、きっと「まとめ」そのものなのだと思います。

だから、私にとって研究のまとめは思い出であり足跡であり「誇り」なのです。

もしかしたら、もう二度と開くことはないかもしれません。「研究部通信集　まなびや」も読み返すことはないかもしれません。でも、本棚に置いておきたい、手に届くところに置いておきたいと思える宝物です。お守りとも言えます。

先生方には、そんな宝物や、お守りはありますか。大切にしたい思い出や、一生捨てられないだろう指導案や研究紀要はありますか。

私は、研究主任になって4年間で、そのたくさんの宝物やお守りを手に入れました。

そんな古臭い考えは、もう今の時代に合っていないのかもしれません。ＰＤＦ化し、検索機能で手軽に取り出せるデータの一つにしてしまえばいいのかもしれません。

でも、研究のまとめに検索をかけるくらいなら、ググればいい話になってしまいませんか。もっといい手法や技法は世の中にたくさんあることになりませんか。

研究のまとめが「情報」として位置付けられているのなら、もうそれ自体に大きな価値はなくなってきているのかもしれません。

だから私は、研究のまとめには特に枠組みは作りませんし、余白や文字数やフォントも気にしません。書き振りに統一感はなく、先生方が思い思いに書けることだけを大切にしています。何なら、1年間走ってきた成果しかそこには刻まれないでしょうし、一朝一夕で書けるような内容や、その先生の人間臭さのない文章には情も湧かないでしょう。もがき、苦しみ、悩み、それでも前を向いて進んできた生き様のような研究のまとめにこそ、価値があるのだと考えています。本校の先生方には心から感謝しています。

大袈裟かもしれませんが、本書が先生方の研修機会や授業研において心構えをつくる一冊となることを願い、研究主任の先生方の研究活動推進の一助となることを期待し、あとがきとさせていただきます。

古舘　良純

【著者紹介】
古舘　良純（ふるだて　よしずみ）
1983年岩手県生まれ。現在、岩手県花巻市の小学校勤務。近隣の学校で校内研修（道徳）の講師を務めたり、初任者研修の一環等で道徳授業を公開したりしている。バラスーシ研究会、菊池道場岩手支部に所属し、菊池道場岩手支部長を務めている。
著書に『小学６年担任のマインドセット』『子どもと教師を伸ばす学級通信』（単著）、『授業の腕をあげるちょこっとスキル』（共著）等がある。

研究主任のマインドセット

2024年３月初版第１刷刊 ©著　者　古　舘　良　純
発行者　藤　原　光　政
発行所　明治図書出版株式会社
http://www.meijitosho.co.jp
（企画）茅野　現（校正）井村佳歩
〒114-0023　東京都北区滝野川7-46-1
振替00160-5-151318　電話03(5907)6702
ご注文窓口　電話03(5907)6668
＊検印省略　組版所　株式会社カシヨ

Printed in Japan　ISBN978-4-18-323848-1